HSU

THE ORIGIN OF POLITICAL PHILOSOPHY

政治哲学の原点

「自由の創設」を目指して

大川隆法

Ryuho Okawa

まえがき

「政治は何のためにあるのか。その根源的思想はどこに求めるべきか。」を語った書である。

今、様々な既成政党に振り回されて、集票と集金マシーンに堕《だ》している宗教が多い中にあって、独立した「政治哲学」を説く宗教家がおり、その哲学に基づいて、政治活動や大学の学問も創ろうとしているのである。

政治の目的を「自由の創設」と考える点で、私の思想は、政治哲学者ハンナ・アーレントに近いと言ってよいだろう。

アーレントの政治哲学は、限りなく古典ギリシャの民主政に憧《あこが》れつつ、現実に次々と立ち現れてくる「全体主義」と対決し、公的領域にも「自由の空間」を創設することが望みである。この点からみると、北朝鮮、韓国、中国、ウクライナなどの政治問題を、私がどのように取り組もうとしていこうとしているか、よくわかるだろう。

二〇一四年　三月十一日

幸福《こうふく》の科学《かがく》グループ創始者兼総裁《そうししゃけんそうさい》
幸福《こうふく》の科学大学創立者《かがくだいがくそうりつしゃ》　大川隆法《おおかわりゅうほう》

政治哲学の原点　目次

政治哲学《てつがく》の原点

――「自由の創設《そうせつ》」を目指して――

二〇一三年十月二十九日　収録
東京都・幸福の科学総合本部にて

政治哲学《てつがく》の原点

――「自由の創設《そうせつ》」を目指して――

二〇一三年十月二十九日　収録
東京都・幸福の科学総合本部にて

1 「政治哲学《てつがく》」が現代で難しい理由

幸福の科学大学を立ち上げるために

最近（二〇一三年十月時点）、学問的な法話《ほうわ》が少し続いており、話の内容が難しくなってきつつあります。

「大学を立ち上げる」ということは、新たな領域、事業でもあるので、「現有勢力だけでやるのは厳しくなってきつつあるのではないか。必要とされる人材の層がやや違《ちが》ってくるのではないか」ということを感じています。

あまりアカデミック（学問的）なことをやると、宗教においては伝道があまり進まなくなる可能性があるので、実に困るのです。

大学的な内容になると、できるだけ〝分かりにくい〟話をしなければならないというか(笑)、〝分かりにくく〟て売れない話をし、解説が必要な内容を述べなくてはならないようになってくる気がします。

東京大学出版会の本のように、「三千部以上、売れてはならない」という感じで本を書くつもりでいると、難度が一定するのかもしれませんが、「なかなか難しいものだな」と感じています。

従来は、「できるだけ多くの人に理解していただこう」と思って話していたものですが、学問というかたちになると、少し難しくなってくるところはあるのです。

法律がつくられるのは、どのようなときか

今日は、「政治哲学《てつがく》の原点」というか、入門のような話をいたします。

政治哲学は、哲学の仲間といえば仲間なのですが、「政治領域における原理などの理論や根源的な思想を扱《あつか》うものだ」と考えていただいて結構かと思います。

これは意外に難しいのです。

日本で政治家といわれている人たちは、一般《いっぱん》には国会議員です。もちろん、地方議員もいますが、国会議員たちの本質は、ほとんどローメーカー(lawmaker)であって、法律をつくっている人たちなのです。

しかし、「法律をつくること」と「政治」がイコールであるかというと、何とも難しい部分はあると思うのです。

法律には、基本的に国民生活に何らかの統制をかけるものが多いと言えます。何らかの事件なり不祥事《ふしょうじ》なりがあって、マスコミが騒《さわ》ぎ、それを抑止《よくし》する、あるいは沈静化《ちんせい》させるために法律をつくることが多いのです。

例えば、「消費に関する問題が起きたら消費者庁ができる」とか、「災害が起きたら復興庁ができる」とか、そのようなことがあります。

いずれにしても、仏教の戒律《かいりつ》の「●随犯随制《ずいぼんずいせい》」にも似て、「事件など何か不都合《ふつごう》なことが起きると、審議《しんぎ》して法律をつくる」というようなことがよくあります。

その結果、もちろん、「マイナスの部分が解消される」というようなプラス

●**随犯随制**　戒律を事前に定めておくのではなく、何か問題が起きるたびに、「今後、こういうことをしてはいけない」という戒律をつくっていくこと。

の面も、あることはあるのですが、一般的には、いろいろなところで規制が始まることが多いのです。

例えば、「原子力の問題が起きれば、それを規制しようとする原子力規制庁のようなものが、すぐできてくる」というようなところがあります。

ドラマ「半沢直樹《はんざわなおき》」の放送終了《しゅうりょう》直後に金融《きんゆう》庁が動いた理由

それから、以前にも触《ふ》れたことはありますが（『プロフェッショナルとしての国際ビジネスマンの条件』〔幸福の科学出版刊〕参照）、今年（二〇一三年）、銀行マンをストーリーの主役に使った、「半沢直樹《はんざわなおき》」というテレビドラマが流《は》行《や》ったら、その最終回が終わるや否《いな》や、四日目か五日目ぐらいに金融《きんゆう》庁が動き、

「みずほ銀行に対して行政処分を行う」という大騒動《おおそうどう》が起きました。

　みずほ銀行側は、今のところ、「五十人ぐらいを処分する」と言っていますが、一生懸命《いっしょうけんめい》、頭取《とうどり》のクビを切るか切らないか、〝ノコギリ挽《び》き〟をしているところです（説法《せっぽう》当時）。

　みずほ銀行は、旧・興銀《こうぎん》（日本興業銀行）、旧・第一勧銀《かんぎん》（第一勧業銀行）、旧・富士《ふじ》銀行、この三つの大きな銀行が合併《がっぺい》してできています。三つの銀行が一緒《いっしょ》になってできた銀行なのですが、実は、今回、問題となった、「暴力団関連の企業《きぎょう》への融資」をしたところは、みずほ系列の信販《しんぱん》会社であるオリコです。

　そして、その会社には、歴代、みずほのなかでも第一勧銀出身の人が、社長

『プロフェッショナルとしての国際ビジネスマンの条件』（幸福の科学出版）

として出ることになっていたようです。

「第一勧銀出身の社長が暴力団系のものの融資をやっていたわけであり、今のみずほの頭取は興銀出身なので、関係がない」ということがあるのかどうか知りませんが、昨日（二〇一三年十月二十八日）の段階では、「半年ほど給料を返上するけれども、頭取は辞《や》めない」と言って頑張《がんば》っていました（注。二〇一四年一月、みずほ銀行は同年四月一日付で現頭取が退任することを発表した）。

ドラマでは、登場人物である「金融庁の黒崎《くろさき》検査官」を、オカマの変てこりんな人物として描いたの

みずほ銀行の佐藤康博頭取の謝罪会見
（2013年10月8日）

ですが、それが金融庁の逆鱗《げきりん》に触れたのではないかと思われます。「なめるな」ということでしょうか。

ドラマの舞台《ぶたい》は、どう見ても、みずほ銀行です。原作者は三菱《みつびし》銀行（現・三菱東京UFJ銀行）出身の人ですが、みずほを舞台にして小説を書いたため、みずほは、えらい目に遭《あ》っている感じではあります。

金融庁としては、「オカマの検査官で、おちょくられたのが、やはり許せない」ということで、ドラマ終了後、一週間待たずして、はっきり言えば、〝弾《だん》圧《あつ》〟に入ったように見えなくもありません。五十人ぐらい処分されるようなので、「役所をなめると、ただでは済まんぞ」ということを見せたようにも見えます。

問題となった融資の情報は二年以上前からつかんでいたようなので、タイミングから見て、明らかに、「ドラマの視聴率《しちょうりつ》が四十パーセントを超《こ》えたのが許せない」という感じであり、検査官が悪者のように描かれたことに対する腹いせがあるのだと思うのです。

ところが、マスコミには、そのような見方を書いた記事は出ていません。「金融庁は、もっとやるべきだ」「頭取のクビを取るべきだ」というような意見を書いているのです。どこも、「査察に入られるのは怖《こわ》い」ということなのかと思います。

週刊誌あたりでも、「金融庁の黒崎検査官もびっくり」というような感じで、みずほ銀行の腐敗《ふはい》ぶりを暴《あば》いたりしているようです。

役所というところは、なかなか怖いものです。

基本的に役所は法律に基《もと》づいて動いているのですが、人間がやっているものなので、「その法律の施行《せこう》および解釈《かいしゃく》、適用を、どのようにして行うか」ということに関しては、やはり幅《はば》があります。

専門外の人から見たら、「法律は誰《だれ》にでも同じように当てはまるのだろう」と思うかもしれませんが、そんなことはありません。

「法律が実際に適用されるかどうか」ということについては、政治的な意図が絡《から》むことがあります。時の政権の意図が絡むことはそうとうありますし、政権が滅《ほろ》びていくときであれば、逆に、マスコミのほうが結束して、そちらのほうに圧力をかけて動かす場合もあります。

このように、法律といっても、公平無私で中立なものでは決してなく、場合によっては、いろいろな方向に、右にも左にも動いていくところがあるものなのです。

2　変わりつつある、日本の「自由」の状況《じょうきょう》

朝日新聞の主筆だった若宮《わかみや》氏の「その後」

安倍《あべ》政権が立ってから、一年弱の間《あいだ》に、いろいろな動きが起きてきています。一つは「株価の上昇《じょうしょう》」です。アベノミクスが始動した、今年（二〇一三年）の前半には、それが好意的に受け止められました。しかし、一方で、秋には消費税増税の決定がなされました。

このへんについては、民意を吸い取って、やっていたとは思いますが、反面、中国や北朝鮮《きたちょうせん》、あるいは韓国《かんこく》も含《ふく》めて、東アジア情勢の緊迫《きんぱく》に応じて、一種の

軍国主義体制にも似たシフトを敷《し》きかかっているようにも見えるところが、マスコミにとって、今、どう考えるかが非常に難しいところかと思います。

私は朝日新聞の若宮《わかみや》主筆（二〇一二年九月時点）を批判した本も出しましたが（『朝日新聞はまだ反日か』〔幸福の科学出版刊〕参照）、安倍政権が立ったあと、二〇一三年の一月に、その若宮主筆は朝日新聞社を退社しました。

そして、最近出た月刊「ＷｉＬＬ《ウィル》」（二〇一三年十二月号）には、若宮氏が韓国《かんこく》で大学教授をしていることが載《の》っていました。事実上、これは〝亡命《ぼうめい》〟に近いでしょう（笑）。

日本の大学で引き取り手がなかったのか、手ごろな再就職先がなかったのか、分かりません

『朝日新聞はまだ反日か』
（幸福の科学出版）

が、韓国の大学教授になったのです。彼が韓国語を話せるのか、書けるのか、私はよく知りません。

韓国のマスコミは、「朝日新聞の百数十年の歴史のなかで、主筆は六人しかいないのだ」と言って、そのうちの一人が韓国に来て大学教授になったことで、喜んでいます。

彼は、韓国最大の新聞に、安倍政権批判を書いているらしいのですが、日本人には読めないので、分からないのです。

若宮氏は向こうで〝頑張《がんば》って〟いるらしいので、「ああ。とうとう亡命も出てきたのかな」と思います。日本にいるのが怖《こわ》いのでしょうか。

「元主筆が亡命的な動きをした」ということであれば、結局、「安倍政権下での朝日新聞の生き残りにとって危険であるため、朝日に処分された」と見るべきなのかとも思います。

それは、日本では、珍《めずら》しい動きではあります。

一方、日本で教えている、中国人の大学教授（朱建栄氏《しゅけんえい》）が、上海《シャンハイ》に行ったまま、一カ月以上、行方《ゆくえ》不明になっていましたが、最近、向こうで当局に捕《つか》まり、拘束《こうそく》されていることが分かりました。

比較《ひかく》的ニュートラル（中立的）に書いていたはずの人なのですが、「中国当局に批判的な立場に立っている」というような理由で、調べられているらしいのです（注。その後、「朱建栄氏は二〇一四年一月に当局から釈放《しゃくほう》された」と報道された）。

また、『スカートの風』でデビューし、韓国から日本に帰化《きか》して大学の先生にもなっている呉善花《オソンファ》さんも、二〇一三年に、親戚《しんせき》の結婚《けっこん》式に出ようとして韓国に行ったところ、空港で足止めをされ、送り帰されてしまいました。

「その人の言論が国にとってプラスかマイナスか」ということで判断が働き、国境をまたげないような現象も起きつつあり、非常に難しいところがあります。

ですから、単なる「自由主義 対 共産主義」という考えだけで線引きをするのは困難な面も出てきていると思います。

「マイナンバー法」等で近づく監視《かんし》社会

日本は自由主義圏《けん》のなかに入ってはいるのでしょうが、最近の「社会保障と税の一体改革」という動きを見れば、これは、ほとんど社会主義の理想そのものなので、「働かなくても食べていける世の中」を目指しているとしか思えません。

また、税率が上がってきていますし、「日本だけは、それはない」と思っていたのに、とうとう、国外脱出《だっしゅつ》をする資産家に対して、「出国税《しゅっこくぜい》」をかけようとし始めているらしいのです。

例えば、「日本にいると財産税をかなり取られるので、シンガポールに国籍《こくせき》を移し、節税をしようとして、三億円を持って国外に出ようとした人から、半額の一億五千万円ぐらいを税金で取る」というようなことをやろうとしているらしいのです。そういうことが、最近出た本に書かれていました。

今は、ケイマン諸島など、「タックス・ヘイブン（租税回避地《そぜいかいひち》）」のところもありますが、そこあたりの情報も、政府はもう全部つかんでいるらしいのです。国内に関しては、家族・親族まで、全部、洗えるようにはなっていたのですが、海外にまで手が伸《の》び始めたようではあるので、日本という国も変わりつつあるのかなと感じています。

「マイナンバー法」（二〇一三年五月成立、二〇一六年一月から利用開始）によって、ナンバーを使い、その人の所得は全部つかめるようになってきつつあり、コンピュータ社会の、ある意味での〝怖さ〟が出てきつつあるのかなと思います。

これが、「手作業による、役所の煩雑《はんざつ》な事務を簡略化して、人員削減《さくげん》を行い、税金が少なくなる」ということなら、効果もあるのでしょうが、そうではなく、「一網打尽《いちもうだじん》に、全部、国民の情報をつかめる」ということであれば、それなりに怖いものはあると感じます。

このように、いろいろなところでの収入については、全部、国が一元管理できるようになろうとしています。

それは、ある意味で、ジョージ・オーウェルの小説『１９８４年』で描かれた未来社会に似た感じの「監視《かんし》社会」に近づいているような気が、しないでもありません。

ジョージ・オーウェル（1903～1950）の小説『1984年』を原作とする映像作品の一場面。

世界では「国家機密をめぐる争い」が起きている

それから、もう一つ、今は「盗聴《とうちょう》社会」でもあります。

日本では、今（説法《せっぽう》当時）、「特定秘密保護法」について話が進んでいるところですが、実に具合《ぐあい》の悪いことに、「アメリカが同盟国の首脳の電話を盗聴していた」ということが暴露《ばくろ》されて、オバマ大統領が窮地《きゅうち》に陥《おちい》っています。

ドイツのメルケル首相は、「野党の時代から、もう十年以上も携帯《けいたい》電話を盗聴され続けていた」という話が出てきて、プンプン怒《おこ》っています。

オバマ大統領が受賞したノーベル平和賞は、「盗聴を推進し、戦争を事前に抑止《よくし》する」ということも含んでいるのかどうか、知りませんが、意外に陰湿《いんしつ》な面を感じないわけではありません。

現実には、旧ソ連もそうでしたし、アメリカもそうですし、韓国もそうですし、中国もそうですが、盗聴社会ではあるわけです。

日本でも一部で行われてはいるのですが、「組織的に行っている」という部

『「特定秘密保護法」をどう考えるべきか』
（幸福の科学出版）

分は少なかったのではないかと思っています。「秋葉原《あきはばら》辺りに行って部品を買ってくれば、できないことはない」というぐらいで、統一的に管理してはいない部分があったのです。

私が、はっきりと盗聴の事実を知ったのは、「オウム事件」のときです。オウムは、オウムに反対している村の公民館など、いろいろなところに盗聴器を仕掛《しか》け、サティアン（オウムの建設した施設《しせつ》）のなかで情報を取っていましたが、それを見て、「〝進んで〟いるな」と思ったことを覚えています。

当会は、とてもではないけれども、敵対勢力の建物に盗聴器を仕込《しこ》んだりはしません。

しかし、オウムは、いつ忍《しの》び込んでやるのか知りませんが、ソケットかコンセントか、そこのところに盗聴器を仕掛けて、会合の内容を聞いていたらしいのです。

未来社会を〝先取り〟しているような宗教だったのかもしれませんが、ある意味で、怖い社会だなと思っています。

私は、以前はマンションに住んでいたのですが、そこは、皇后さまが出た正《しょう》田《だ》家の近くであり、二つの交番に挟《はさ》まれていたので、「盗聴されている可能性はある」と思い、電話は使わないようにしていました。

これは、一晩で、高い所に上《のぼ》ったら、すぐにできることなので、いちおう用心はしていました。たいていは、(盗聴を)やっているものなのです。

このへんを組織的にやれるようにしようと、今、国家の機密情報をめぐっての争いが起きているのではないかと思います。

3 「ジャーナリズム 対 国家機密」の動き

「第一面の記事」は、なぜ新聞によって違《ちが》うのか

今朝（二〇一三年十月二十九日）、新聞を見ていると、東京新聞の一面に、「特定秘密保護法案」に反対する声明《せいめい》を、憲法学者や刑法《けいほう》学者が、二百数十人、実名入りで出したことを報じていました。そして、「軍国主義の復活のようだ」ということで、「憲法上の国民の『知る権利』を非常に阻害《そがい》するものだ」というような意見を大々的に取り上げていました。

これは、東京新聞だけを取っている人から見たら、ものすごい大事件が起き

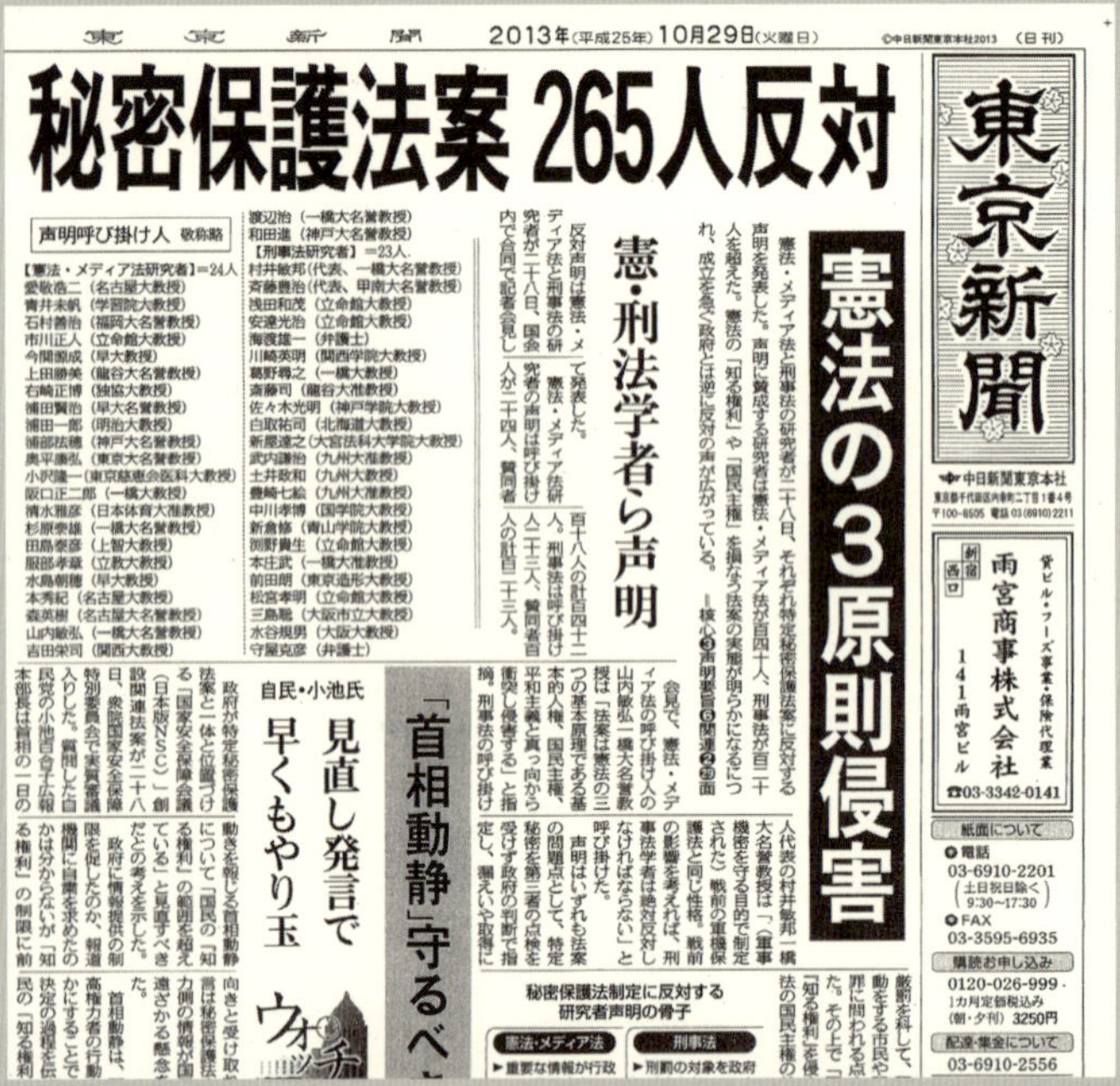

東京新聞　2013年（平成25年）10月29日（火曜日）　©中日新聞東京本社2013　（日刊）

秘密保護法案 265人反対

憲法の3原則侵害

憲法・メディア法と刑事法の研究者が二十八日、それぞれ特定秘密保護法案に反対する声明を発表した。声明に賛成する研究者は憲法・メディア法が百四十人、刑事法が百二十人を超えた。憲法の「知る権利」や「国民主権」を損なう法案の実態が明らかになるにつれ、成立を急ぐ政府とは逆に反対の声が広がっている。
―核心③声明要旨⑥関連②㉙面

憲・刑法学者ら声明

反対声明は憲法・メディア法と刑事法の研究者が二十八日、国会内で合同で記者会見して発表した。憲法・メディア法研究者の声明は呼び掛け人が二十四人、賛同者が百十八人の計百四十二人。刑事法は呼び掛け人二十三人、賛同者百人の計百二十三人。

会見で、憲法・メディア法の呼び掛け人の山内敏弘一橋大名誉教授は「法案は憲法の三つの基本原理である基本的人権、国民主権、平和主義と真っ向から衝突し侵害する」と指摘。刑事法の呼び掛け人代表の村井敏邦一橋大名誉教授は「（軍事機密を守る目的で制定された）戦前の軍機保護法と同じ性格。戦前の影響を考えれば、刑事法学者は絶対反対しなければならない」と呼び掛けた。

声明はいずれも法案の問題点として、特定秘密を第三者の点検を受けず政府の判断で指定し、漏えいや取得に厳罰を科して、……動をする市民や……罪に問われる点……た。その上で「……「知る権利」を侵……法の国民主権の……

声明呼び掛け人　敬称略

【憲法・メディア法研究者】＝24人
愛敬浩二（名古屋大教授）
青井未帆（学習院大教授）
石村善治（福岡大名誉教授）
市川正人（立命館大教授）
今関源成（早大教授）
上田勝美（龍谷大名誉教授）
右崎正博（独協大教授）
浦田賢治（早大名誉教授）
浦田一郎（明治大教授）
浦部法穂（神戸大名誉教授）
奥平康弘（東京大名誉教授）
小沢隆一（東京慈恵会医科大教授）
阪口正二郎（一橋大教授）
清水雅彦（日本体育大准教授）
杉原泰雄（一橋大名誉教授）
田島泰彦（上智大教授）
服部孝章（立教大教授）
水島朝穂（早大教授）
本秀紀（名古屋大教授）
森英樹（名古屋大名誉教授）
山内敏弘（一橋大名誉教授）
吉田栄司（関西大教授）
渡辺治（一橋大名誉教授）
和田進（神戸大名誉教授）

【刑事法研究者】＝23人
村井敏邦（代表、一橋大名誉教授）
斉藤豊治（代表、甲南大名誉教授）
浅田和茂（立命館大教授）
安達光治（立命館大教授）
海渡雄一（弁護士）
川崎英明（関西学院大教授）
葛野尋之（一橋大教授）
斎藤司（龍谷大准教授）
佐々木光明（神戸学院大教授）
白取祐司（北海道大教授）
新屋達之（大宮法科大学院大教授）
武内謙治（九州大准教授）
土井政和（九州大教授）
豊崎七絵（九州大准教授）
中川孝博（国学院大教授）
新倉修（青山学院大教授）
渕野貴生（立命館大教授）
本庄武（一橋大准教授）
前田朗（東京造形大教授）
松宮孝明（立命館大教授）
三島聡（大阪市立大教授）
水谷規男（大阪大教授）
守屋克彦（弁護士）

「首相動静」守るべ……

自民・小池氏

見直し発言で早くもやり玉

政府が特定秘密保護法案と一体と位置づける「国家安全保障会議（日本版NSC）」創設関連法案が二十八日、衆院国家安全保障特別委員会で実質審議入りした。質問した自民党の小池百合子広報本部長は首相の一日の動きを報じる首相動静について「国民の「知る権利」の範囲を超えている」と見直すべきだとの考えを示した。

政府に情報提供の制限を促したのか、報道機関に自粛を求めたのかは分からないが「知る権利」の制限に前向きと受け取……言は秘密保護法……力側の情報が国……遠ざかる懸念を……た。

首相動静は、……高権力者の行動……かにすることで……決定の過程を伝……民の「知る権利……

ウオッチ

秘密保護法制定に反対する研究者声明の骨子

憲法・メディア法
▶重要な情報が行政……

刑事法
▶刑罰の対象を政府……

東京新聞
中日新聞東京本社
東京都千代田区内幸町二丁目1番4号
〒100-8505 電話03（6910）2211

紙面について
●電話
03-6910-2201
（土日祝日除く 9:30～17:30）
●FAX
03-3595-6935
購読お申し込み
0120-026-999
1カ月定価税込み（朝・夕刊）3250円
配達・集金について
03-6910-2556

2013年10月29日付の東京新聞・朝刊の第1面。
特定秘密保護法案に反対する学者たちの名前を報道した。

たかのように見えると思います。

しかし、ほかの大手紙《おおてし》の朝刊を見てみたら、この声明のことは、ほとんど載《の》っていなくて、一面にも載っていなければ、二面にも三面にも載っていないものが多いのです。

小池百合子《こいけゆりこ》議員が、「よく新聞に載っている、首相の一日の動静も、特定秘密に当たるのではないか」というような質問をしたことが、コラムに載っていたり、後ろのほうに、学者たちが声明を出したことが小さく載っていたりすることはありましたが、この声明については、載らないところが多かったように思います。

このように、けっこう恣意《しい》的に情報の取捨選択《しゅしゃせんたく》がなされており、あるところでは一面記事になるものが、ほかのところでは、まったく載っていないことがあります。そして、載せなければ、「なかった」ということになると思うのです。

声明を出した学者たちは、おそらく、記者会見を開いて、いろいろなところに情報を発信していると思いますが、各新聞社では、「載せるか、載せないか」の判断は働いていて、「会社の方針」と「利益」との両方を天秤《てんびん》にかけているのではないかと思われます。このへんについては何とも言えないのです。

東京新聞は、「しんぶん赤旗《あかはた》」(日本共産党中央委員会発行の日刊紙)と、記事の傾向《けいこう》がほとんど同じであり、赤旗を取っていた人が、「同じような内容の記事が東京新聞に載っているから、もう赤旗を取るのをやめた」と言うぐらい、そっくりになっているそうです。

東京新聞では、その声明の扱《あつか》いが、そのようになっています。これは、「特定秘密保護法案」に対する、「先行き、どのようになっていくか」という判断の問題だと思うのです。

そのへんについては、いろいろな大手紙にも「揺《ゆ》れ」が感じられます。

正攻法《せいこうほう》ではなく〝搦《から》め手《て》〟から攻《せ》める安倍《あべ》総理

安倍《あべ》総理は、今年の「憲法改正」の動きのときには、「九十六条の改正」から入って、衆参各議院の過半数の賛成で憲法改正の発議《はつぎ》ができ、国民投票を行えるようにしようとしましたが、憲法学者からの反対もあって、「お蔵入《くらい》り」になったところがあります。

それは、やや〝搦《から》め手《て》〟から来たものでしたが、今回も、国家の特定秘密保護ということから、まず入ってきました（注。その後、「特定秘密保護法」は二〇一三年十二月六日に成立した）。印象としては、安倍さんには、そういう癖《くせ》があるような気がしてしかたがないのです。

枝葉末節《しようまっせつ》のほうから、あるいは、〝搦め手〟というか、〝勝手口〟のほうから入ってくるような感じがあって、どうも正面から攻《せ》めてこないところがあります。「できるだけ、こっそりと入ってくる感じの動き方をするなあ」という感じがしないわけではないのです。

こういう法律をつくり、次に「日本版の国家安全保障局」をつくって、それから、「集団的自衛権」を話題に載せて、それを認め、だんだん、だんだん、「憲法九条改正」のほうに向かおうとしているのだと思うのですが、どうも、すっきりしない面はあります。頭からズバッと行かないのです。

要するに、「頭からズバッと行《い》った場合には、反発を受けて支持率が下がる」ということなのだろうと思います。すぐには分からないようなあたりから、少しずつ少しずつ入ってくる気《け》があるように見えて、しかたがありません。

それは、ちょうど、「首相が靖国参拝《やすくにさんぱい》をしないで、代理人に参拝させ、私費で玉串料《たまぐしりょう》の奉納《ほうのう》だけをさせる」というやり方に似た動きにも見えるので、「そういう人なのかな」という気がしないでもないのです（注。その後、二〇一三年十二月二十六日、安倍総理は靖国神社に参拝した）。

「特定秘密保護法案」だけが先に出てくることについては、一般《いっぱん》的には危険を感じます。「何のために、こういう法律を制定するのだろうか」ということを、誰《だれ》もが、当然、思うでしょう。

私だったら、少なくとも、「こういう国家情報が漏《も》れたために、国益を損じた」というようなことについて、はっきりと、具体的な事案の例示が欲《ほ》しいところです。そういうものを明示し、「こういうことを避《さ》けるために、今後、こういうところを護《まも》らなくてはいけない」と言われれば、納得《なっとく》します。

しかし、「いったい何のためにするか」という目的のところをはっきりさせないで、まず法律をつくってしまい、「内容については、内閣のほうで指示でき、そのときどきで変えればよい」というようなことなのです。これには、暗い時代を思わせるものが、ないわけではありません。

ある意味で、「もう少し単純明瞭《めいりょう》というか、スカッとしたものであってもよいのではないか」という気がします。「本当の目的は何か」ということを、スパッと言って、通すぐらいの力があってほしいと思います。支持率が下がらないよう、上手に上手に操作しているように見えて、しかたがないのです。

郵便はがき

料金受取人払郵便

赤坂局承認

6467

差出有効期間
平成28年5月
5日まで
(切手不要)

107-8790

112

東京都港区赤坂2丁目10−14
幸福の科学出版(株)
愛読者アンケート係 行

フリガナ お名前	男・女	歳
ご住所 〒　　都道府県		
お電話(　　　)　−		
e-mail アドレス		
ご職業	①会社員 ②会社役員 ③経営者 ④公務員 ⑤教員・研究者 ⑥自営業 ⑦主婦 ⑧学生 ⑨パート・アルバイト ⑩他(　　)	

ご記入いただきました個人情報については、同意なく他の目的で使用することはございません。ご協力ありがとうございました。

愛読者プレゼント☆アンケート

『政治哲学の原点』のご購読ありがとうございました。今後の参考とさせていただきますので、下記の質問にお答えください。抽選で幸福の科学出版の書籍・雑誌をプレゼント致します。(発表は発送をもってかえさせていただきます)

1 本書をお読みになったご感想

(なお、ご感想を匿名にて広告等に掲載させていただくことがございます)

2 本書をお求めの理由は何ですか。

①書名にひかれて　②表紙デザインが気に入った　③内容に興味を持った

3 本書をどのようにお知りになりましたか。

①新聞広告を見て [新聞名：　]
②書店で見て　③人に勧められて　④月刊「ザ・リバティ」
⑤月刊「アー・ユー・ハッピー?」　⑥幸福の科学の小冊子
⑦ラジオ番組「天使のモーニングコール」　⑧幸福の科学出版のホームページ
⑨その他 (　)

4 本書をどちらで購入されましたか。

①書店　②インターネット (サイト名　)
③その他 (　)

5 今後、弊社発行のメールマガジンをお送りしてもよろしいですか。

はい (e-mailアドレス　)・いいえ

6 今後、読者モニターとして、お電話等でご意見をお伺いしてもよろしいですか。(謝礼として、図書カード等をお送り致します)

はい・いいえ

弊社より新刊情報、DMを送らせていただきます。新刊情報、DMを希望されない方は右記にチェックをお願いします。　□DMを希望しない

マスコミの「反国益的報道」が強すぎる日本

もちろん、いろいろな交戦状態が予想される環境《かんきょう》のなかで、国家機密がいろいろとスパイされていることも、現実にあるのだろうと思うので、「それを護らなくてはいけない」というニーズはあるとは思うのですが、このへんについて、やや分かりにくいところは、どうしても残ります。

したがって、マスコミが、「『知る権利』に違反《いはん》しているのではないか」「『言論の自由』等を、事実上、なし崩《くず》しにするのではないか」と、一部、危惧《きぐ》するのも、分からないではないところもあります。

ただ、福島原発の事故（二〇一一年三月十一日）で情報が出すぎたところは確かにあり、「テレビ局に、毎日のように、逐一《ちくいつ》、情報を報告されていた」という、若干《じゃっかん》、情けない面は、ないわけではありません。「情報保護」という意味では、毎日、報道されるほどのものではなかったと思われます。

原発事故後の情報をマスコミは「風評被害《ふうひょうひがい》」と言い換《か》えていますが、明らかに風評被害ではないものもありました。一日で解決できる問題ではないものもかなりあったからです。

「特定秘密保護法」には、そういうことの影響《えいきょう》も多少あるとは思います。

ただ、一方では、政府が何を考えているのかが分からないところもあります。軍事的な面で、マスコミに知らせずにやりたいことが、何かあるのかどうか。そのへんが、分かりにくいところです。

例えば、日本の場合は、駆逐艦《くちくかん》のようなものだけではなく、実質上の空母をも、「護衛艦」と称《しょう》してつくっています。今のところ、それは「ヘリコプター空母」ですが、戦艦大和《やまと》並みの大きさがあり、甲板《かんぱん》をならして、戦闘機《せんとうき》を載せれば、いちおう航空母艦にもなる護衛艦です。そういう「言葉の言い換え」をしているのです。

そういうのは、もっとはっきりと秘密指定をすれば、マスコミに出せないようになるのかどうか、分かりかねる部分はあるのですが、やはり、説得し切れないところが残念です。

あるいは、日本のマスコミによる、あまりにも「反国益的な報道」が強すぎて、とうてい、これには勝てないために、〝封印《ふういん》〟してしまおうとしているのか

全長 248 メートルの護衛艦（ヘリコプター空母）「いずも」

もしれません。

このへんのところには、実に厳しいものがあります。

オスプレイの配備反対は「感情的」な報道にすぎない

韓国《かんこく》や中国にも、やはり同じようなところがあって、国家の利益に反するようなことを報道させないように、ものすごいプレッシャーをかけています。

そのため、これが自由主義圏《けん》と共産主義圏の違《ちが》いとは必ずしも言えないものがあります。国家が情報を一元管理し、国家の利益に反するものを流させないのです。

一部には、そういうものがあってもよいとは思うのですが、これには微妙《びみょう》なところがあります。

例えば、アメリカでは、ＵＦＯや宇宙人の情報については完全に管制が利《き》いていて、宇宙人ものの映画を観《み》ないかぎり、分からないような状態になっています。そういう情報を表に出してしまうと、本当にパニックが起きることもあるのかもしれないので、私は、そういう部分が一部あることを認めはします。

ただ、「オール・オア・ナッシング」にならないかたちで、大事なことをもう少し議論できるぐらいの冷静さは必要ではないか。政府においても、マスコミにおいても、そういう、大人になった部分が要《い》るのではないか。あまりにもエスカレートして、感情的になるのは問題がある」と思います。

その意味では、政府が、「マスコミ」や「国民」の反応を信じていないのかもしれません。

例えば、ヘリコプターのオスプレイの配備反対については、確かに「感情的な部分」はそうとうありました。

オスプレイには、過去、二機か三機が落ちたというぐらいのことがありましたが、これは、アメリカ国内など、日本ではない所で落ちたわけですし、乗っていたアメリカ兵に被害が出たので、アメリカだって、そういう事故を望ましいと思っているわけではありません。

オスプレイは、もちろん、他《た》のものより有利な点があるから使われているのです。航続距離《きょり》が長いことや、垂直に上がって移動できることなど、非常に有利な面はかなりあります。

したがって、ただただ、行く先々で反対運動が起きるような状況《じょうきょう》には、やはり、憂慮《ゆうりょ》すべきところがあるのです。

　当会が、たまに、「オスプレイ賛成デモ」という、珍《めずら》しいことをやったりしますが、それが報道されることは、ほとんどありません。このようにマスコミは、「報道の自由」を与《あた》えられても、自分たちで情報を選択し、シーリング（制限）をかけてしまうので、〝信用がない〟のかもしれません。

　NHKですら、「国営放送」として認められていない状況です。現政権からは〝左翼《さよく》放送局〟と見られています。

幸福実現党有志などが展開した「オスプレイ賛成デモ」。

写真上は国会記者会館前
（2013年1月29日）

写真左は岩国市役所前
（2012年9月16日）

政治家の発言にマスコミは「大人の対応」を

このへんのところの駆《か》け引き、「ジャーナリズム 対 国家機密」のところには、非常に難しいものがあると思います。

結果的に、それが、よい方向に行くのなら、よろしいのですが、軍事的なものに関しては、どうしても、一元管理をしたがる傾向があり、「知らしむべからず」という面が出てくることは事実です。

例えば、先の大戦での真珠湾攻撃《しんじゅわんこうげき》等については、情報が外に出ないようにしたり、戦艦大和をつくっていることを一生懸命《いっしょうけんめい》に隠《かく》したりしていました。

しかし、「秘密になっていたのに、なぜか多くの人が知っていた」という話もあって、よく分からないのですが、関係者が自分の家族に話していたのかもしれません。

そのようなわけで、「今、非常に難しい時代に入ろうとしているのではないか」と私は思っています。

ただ、枝葉《えだは》とか、〝搦め手〟〝勝手口〟のほうから入ってくるようなやり方は、国家としては正々堂々としていないように感じるので、必要なら「必要だ」と言って、堂々たる演説をぶっていただきたいと思います。

それに対して、マスコミが、「大人の反応」をできないのであれば、マスコミに対して、多少の批判が向いていくぐらいでなければ、いけないのではないでしょうか。そういう気がしてなりません。

そういうことは、できるだけマイナーにしながら、沖縄《おきなわ》の離島の防衛など、そのようなことだけは、着々とやったりしているのかもしれませんが、国民全体に、きちんと理解できるだけの認識力、知力があって、それに合ったマスコミが存在することも大事ですし、それがなければ、それを代替《だいたい》するものを、きちんと用意しなければいけないのではないかと思います。

韓国や北朝鮮《きたちょうせん》、中国の問題等もありますが、これらの国では、どこも、「国家の統一意志に反する報道はできず、国民が、いろいろな所で暴れたり反乱したりしていても、それもまた抑《おさ》えて、表に出さないようにし、報道させないようにしている」ということが問題になっているのです。

そういう国と同じになってはいけない部分はあると思っています。

4　政治家は自らの「政治哲学《てつがく》」を述べよ

自由の根源は「プルラリティ（複数性）」にある

「政治における自由」を私もかなり説いていますが、自由の根源は「プルラリティ（複数性）」だと思います。

人間には、人種が違《ちが》ったり、性格が違ったり、生まれに違いがあったり、男女の違いがあったり、身体的に「強い」「弱い」があったり、職業に違いがあったりするように、「複数性」から国民は成り立っている面があるので、自《おの》ずと、いろいろな意見は出てくるものです。

その「複数性」をいちおう認めた上で、必要な議論をきちんと戦わせ、そして結論を導き、一定の結論が出たときに納得《なっとく》する文化をつくり上げていくことが、非常に大事なのではないかと考えます。

「特定の政治信条を持てば、全部、結論が同じで、その敵対勢力とは、すべて反対になる」というだけの関係だと、二大政党制にも虚《むな》しいものがあると思うのです。二大政党間で意見は違っていても、国家にとって大事なことについては、きちんと話し合って意見をまとめるようなところは必要だと思います。

そのような「複数性」というものが前提としてあるのです。

もっと言えば、アメリカの基《もとい》は「多民族性」なので、アメリカでは、「民族がたくさんある」ということが前提にあります。

要するに、多種類の民族があり、さらに、その人数に差があるので、投票数だけでいくと、やはり、少数の民族が圧倒的《あっとう》に不利になります。

民主主義のなかには、異なる意見を尊重しつつも、最後は投票によって「数」で決めなくてはいけない面もあります。そうしないと決まらないところがあるのです。

ただ、その少数の意見に対しても耳を傾《かたむ》けなくてはならないところがあり、良心に照らして考えてみて、その少数の意見に正しいものがあったら、それを汲《く》み取ったり反映したりしなくてはいけません。そういうことが一つのルールなのではないかと思うのです。

政治家は、「正々堂々の論理」で、きちんと議論を

私は、今の日本の政治家には、もうひとつ政治的に十分に機能していないところがあるような気がします。

「政治家自身が、マスコミに情報を知られることを恐《おそ》れたり、その反論を非常に恐れたりする」ということのなかには、「政治哲学《てつがく》」が十分ではない面が、どうしてもあるのではないかと思うのです。

政治家は、自分なりの政治哲学について、はっきりと述べることが大事なのではないでしょうか。

単なる、「自分は、どこに属しているから、必ず、こういう考えでなくては

ならない」という考えは、「奴隷《どれい》の思想」です。どの党派に属していようとも、やはり、「独立した人間」としての良心に基《もと》づく判断や意見があるのは当然のことです。

靖国《やすくに》問題についても、「首相が、日本武道館では慰霊《いれい》ができても、靖国神社ではできない」というのでは、まことに情けない話です。

靖国神社に祀《まつ》られている御祭神《ごさいじん》のなかには吉田松陰《よしだしょういん》もいます。吉田松陰の霊が安倍《あべ》政権を「軟弱《なんじゃく》である」と言っていることには、理由がないわけではなく（『吉田松陰は安倍政権をどう見ているか』〈幸福実現党刊〉参照）、「そのへんをきちんと言い返せない部分には、さみしいところがある」ということなのです。

『吉田松陰は安倍政権をどう見ているか』（幸福実現党）

「政治家には、もう一段、正々堂々の論理で、きちんと議論を通せる力が、これから必要になるのではないか」という気がしてならないのです。

「特定秘密保護法」はあってもよいのですが、それより優先するものが何かもう一つあるような気がしてしかたがありません。

国体を変えようとしているなら、国体を変えようとしていることを、最初に持ってくるべきです。それに付属して、「国家秘密として、こういうものを護《まも》らなくてはいけない」ということを例示して、説得する技術が要《い》るのではないかと思います。

「本当は何をしようとしているのかが分からない」というところには、残念な部分があります。

「一緒《いっしょ》に食事をしたり、酒を飲ませたりして、マスコミを懐柔《かいじゅう》し、黙《だま》らせないかぎり、できない」というような状態でやっているのだったら、若干《じゃっかん》、情けない感じはあるという気がします。

日本には「もの言わぬ文化」「大事なことについては黙って行う文化」もあるのですが、やはり、言うべきことはきちんと言わないと、国民には分からない面もあるのではないかと思うのです。そのへんが大事です。

5　幸福の科学が何者をも恐《おそ》れない理由

私のところに交渉《こうしょう》に来た「韓国《かんこく》の朴槿惠《パククネ》大統領の生霊《いきりょう》」

先週（二〇一三年十月二十六日）、ここ（幸福の科学総合本部）で朴正熙《パクチョンヒ》（朴正熙《ぼくせいき》）元韓国《かんこく》大統領の霊言《れいげん》を録《と》りましたが（『韓国 朴正熙元大統領の霊言』〔幸福実現党刊〕参照）、翌日、私のところには、その娘《むすめ》である、今の朴槿惠《パククネ》大統領が、生霊《いきりょう》（注。本人の潜在《せんざい》意識の一部である守護霊《しゅごれい》と、本人の表面意識とが一体化したようなもの）として、朝から交渉《こうしょう》に来て、「この本（『韓国 朴正熙元大統領の霊言』）を出されたら困る」と言いました。

「出されたら困る」と言われても、「知ったことか」というか、「言論は自由ですし、国も別なので、何を言ってもよいでしょう。文句《もんく》があれば、反論してください」と、こちらは言ったのです。

しかし、「出されたら困る。韓国の国益を害するし、親子で意見が違《ちが》うことが知れたら、国民を迷わすことになるから」と、韓国の現職大統領の守護霊が私どもに発刊の差し止めを要求してきました。

当然、私が聞き入れるはずはありません。

朴大統領の守護霊というか、生霊です。はっきり言って、もう表面意識と一体化しており、生霊なのです。現職大統領の生霊が収録の翌日に差し止めにや

『韓国　朴正熙元大統領の霊言』（幸福実現党）

ってきたわけです。「いやあ、すごい影響力《えいきょうりょく》があるなあ。こんなに影響力が大きいのか」と思って、かえって驚《おどろ》きました。

「（韓国出身の）国連事務総長の霊言（『潘基文《バンキムン》国連事務総長の守護霊インタビュー』〈幸福の科学出版刊〉参照）も出された。あれもかなりこたえた」とも朴大統領の生霊は言っていました。

また、「その前には、大阪《おおさか》で従軍慰安婦《じゅうぐんいあんふ》のところを潰《つぶ》しにかかっただろう？　橋下《はしもと》市長を追い詰《つ》めていたときに、従軍慰安婦について、『あれは詐欺《さぎ》だ』と言って回ったのは幸福の科学だろう？　おまえらに潰された。本（『神に誓《ちか》って「従軍慰安婦」

『潘基文国連事務総長の守護霊インタビュー』
（幸福の科学出版）

『神に誓って「従軍慰安婦」は実在したか』
（幸福実現党）

は実在したか』〈幸福実現党刊〉参照）も出されて、えらい目に遭《あ》った」とも言っていました。

アメリカでは、慰安婦像を建てることに反対するところも出てき始めていますが、まだ戦いが続いています。

「あれもやられたし、安重根《あんじゅうこん》（伊藤博文《いとうひろぶみ》を暗殺したとされている人物）で攻《せ》め落とそうとしていたのに、あそこも潰しにかかってきた（『安重根は韓国の英雄《えいゆう》か、それとも悪魔《あくま》か』〈幸福の科学出版刊〉参照）。二つやられて、さらに父親の霊言まで出されたら、韓国民が迷い始めるではないか」ということで、怒《おこ》ってきたわけです。

しかし、「あなたの資質に問題があるのだ」と、

『安重根は韓国の英雄か、
それとも悪魔か』
（幸福の科学出版）

こちらは言い返したのです（注。その後、二〇一四年の二月十五日と十七日に朴槿恵守護霊の霊言を収録した。『守護霊インタビュー　朴槿恵韓国大統領　なぜ、私は「反日」なのか』（幸福の科学出版刊）参照）。

私としては、安倍《あべ》さんにも、その程度の強さを求めたいところはあります。「あちらから抗議《こうぎ》が出るから、しない」とか、「黙《だま》っている」とか、「逃《に》げる」とかいうのは情けないことであり、「日本国内のことについては口を出さないでください」と言うぐらいの力は欲《ほ》しいところです。

『守護霊インタビュー
朴槿恵韓国大統領 なぜ、
私は「反日」なのか』
（幸福の科学出版）

幸福の科学における「マスコミ的ではない面」とは

そういうことなので、「今、ある意味で、いちばん怖《こわ》いのは幸福の科学なのかな」という感じです。当会は、どこにでも言うからです。

韓国大統領にも、中国の国家主席にも、アメリカの大統領にも、シリアの大統領にも、国連事務総長にも、ボンボン、〝弾《たま》〟を撃《う》ち込《こ》んでいくので、ある意味で、非常に〝怖い団体〟なのかもしれません。

いや、マスコミ的に見れば、当会には、いちばんマスコミ的な部分はあるのですが、実は、「マスコミ的ではない面」もあるのだと思います。

それは何かと言うと、マスコミ的に、ジャーナリスティックに、「これは話題になる」とか、「評判になる」とか、「売れる」とかいうことではない部分です。当会には、いわゆる「政治哲学《てつがく》」があると思うのです。

「多数がどう言うか」とか、「どちらが有利か」という考えとは別に、「普《ふ》遍《へん》的な真理」に照らして、言葉を換《か》えれば、「神の心」「仏の心」に照らして、「これは真実と思うか、思わないか。正しいと思うか、思わないか」ということに非常に忠実なのです。

そのため、神のお心に照らして、「これは正しくない」と思ったものに関しては、容赦《ようしゃ》なく批判するところがあります。多数の意見を「了《りょう》」とする場合もありますが、「おかしい」と思うものについては、「おかしい」ということを、やはり述べているわけです。

「北欧《ほくおう》型の福祉《ふくし》社会」は理想なのか

私は、「国家の力、国力を強くする」ということにおいては、もちろん、「税収がたくさんあるのは、悪いことではない」と思っていますし、個人的にも、過去、あえて節税はしないで、国税庁のビルが建つぐらいの税金を払《はら》ってきた人間なので、決して、国家に納税することを悪いことだとは思っていません。

ただ、「社会保障のためなら、いくらでも税金が取れる」というような考え方には反対です。

菅直人《かんなおと》さんのように、「北欧《ほくおう》型の福祉《ふくし》社会が理想だ」と思っている人なら、そういう考えになるかもしれませんが、「彼らの幸福度が高い」といくら言っても、そこは、先進国とは言えない状況《じょうきょう》にあることは明らかなので、「日本が、もって範《はん》とすべきものかどうか」については、一定の疑問があると言わざるをえないと思います。

また、社会主義国家について、「中国が非常に経済的発展をしているから、それでよいのではないか」という考えもありますが、中国の内部では経済格差がものすごく開《ひら》き、社会矛盾《むじゅん》が噴《ふ》き出しています。

そのため、家庭教会に通うキリスト教徒の数が、もう一億人ぐらいまで来ているらしいともいわれていて、今、宗教へのニーズが極《きわ》めて上がってきていきます。

人々は何かに救いを求め始めていて、「国家は救ってくれない」という部分が出てきてもいるのです。

「神仏の心」を考えながら、現実の事件や事象の判断を

そういう意味で、今は、価値観が非常に流動化していて、これまでの制度が滅《ほろ》びてきつつある世の中です。

そのなかにあって、常に、「普遍的なるもの、神仏の心に則《のっと》った真理とは何か」ということを考えながら、現実に起きる、さまざまな事件や事象について判断していく立場は、ある意味で大事なのではないかと、私は思うのです。

幸福の科学の時事的な言論について、「非常にジャーナリスティックだ」という意見もあることはあるのですが、「ジャーナリスティックなところを超《こ》えて、実は、政治哲学に基《もと》づいて判断しているところがある」と言ってもよいと

思います。

もちろん、政治哲学そのものには、神仏の心までは及《およ》ばないところが学問的にあるので、当会には、その裏打ちとして、さらに宗教というものがあるのです。宗教も含《ふく》めての考え方が入っています。

すでに述べたように、人類全体については、基本的に、プルラリティ、複数性があり、さまざまな種族がいて、違った風習や習慣、制度、宗教の下《もと》に、多くの人が生きているので、「そうしたなかで、よりよき方向に人々を導いていくには、どうしたらよいか」という観点が非常に大事だと思っています。

「独裁主義」に抵抗《ていこう》する遺伝子を持つ幸福の科学

その意味で、当会は全体主義的な考え方を批判しています。

当会は、もう三十年近く活動していますが、マスコミからの批判のなかで、かつて私をヒットラーになぞらえて批判した人もいました。

しかし、政治哲学的に見ると、当会は、ヒットラー的な考え方には極めて抵《てい》抗《こう》する遺伝子を持っているのです。

どちらかというと、「一つの価値観以外を排除《はいじょ》し、敵をつくり、それを徹底《てってい》的にやっつけることによって、まとまりをつくっていく」という、独裁主義的なものの考え方に対しては、非常な抵抗感を持っています。

その抵抗感のもとは、当会に初めからある、「多元的な価値観」「多様な価値観」です。それについて非常に肯定《こうてい》的な考え方が出ているはずです。

数多くの霊言集《れいげんしゅう》は「どう考えるか」の材料を提供している

それから、「一神論」という考え方もありますが、もちろん、「神」にも、そのグレードがあるのは事実なので、信仰《しんこう》している神の優劣《ゆうれつ》について人類が議論することと自体は、ありうることであろうとは思います。

しかし、神格を持った存在そのものが、一定の「複数性」を持っていることも事実です。

当会は霊言集《れいげんしゅう》を数多く出していますが、神格を持った方々の霊言であっても、意見が矛盾するものも出てはいます。矛盾していても、それぞれに参考になるところがあるので、「現実の事象に合わせて、どう考えるか」という材料を提供してくれているのです。

したがって、矛盾したもののなかから、「こちらは何を選び取るか」ということを考えなくてはなりません。それを要請《ようせい》されていると考えるわけです。

6　民主主義の担《にな》い手は「考えることができる人」

私は、「プルラリティ、複数性のなかに自由は発生する」と見ています。「複数の考えのなかから、自由が発生してきているのだ」と考えているのです。そして、その自由には、当然ながら、「そのなかから何を選び取り、何を行動し、結果として何を受け取るか」という違《ちが》いが出てきます。この「自由のなかで、何を選び取り、いかなる結果に甘《あま》んじるか」ということのなかに、「人間として要求される資質」が出てくるのではないかと思うのです。

では、「どういう人間が必要であるか」ということですが、単に権威《けんい》に流されるだけの人間、あるいは、「長いものに巻《ま》かれろ」と考えるだけの人間ではいけません。

もちろん、時の政権が、特高《とっこう》（特別高等警察）や突撃隊《とつげき》など、〝暴力装置〟とも言うべきものを持っているところに対しては、〝敵《かな》わない〟部分がないわけではないのですが、少なくとも、民主主義の中心的な担《にな》い手になるべき人々は、やはり、「考える人」でなければならないと、私は思っているのです。「考える人」でなくてはいけません。

それは、〝Thinking Man《シンキングマン》〟というか、造語になるかもしれませんけれども、〝Thinkable Man《シンカブルマン》〟です。「考えることができる人間」によって、民主主義的な成果が紡《つむ》ぎ出されていかなくてはならないと思います。

そういう〝Thinkable Man〟、あるいは、〝Thinkable Men《メン》〟がいることによって、マスコミが多様な情報を提供することにも意味が出てくると思うのです。

――民主主義の中心的な担《にな》い手――

Thinking Man

考える人

Thinkable Man

考えることができる人

いろいろな考え方や情報が奔流《ほんりゅう》のごとく出てきますが、「考えることができる人間」が存在することによって、いろいろな情報や知識が意味を持つものになってきます。

そうした「考えることができる人間」こそ、やはり、自由の主体であるべきだと思いますし、自由の主体たる人間が、一定の議論をして、正しい結論を導いていくことが大事なのではないかと思います。

「議会制民主主義の名で議会が決めれば、それで正しいか」といえば、必ずしもそうではないものもあります。

日本でも、党議拘束《とうぎこうそく》によって党が拘束することもありますが、共産主義圏《けん》で民主主義を名乗っている国の議会には、実際上、議員が反対できない議会、議会制のかたちを外国や国民に見せるためだけの議会がたくさんあります。

これに対しては、「考えることができる人間」が、「自由」ということの意味を解釈《かいしゃく》し、「正しい結論」に人々を導いていかなくてはならないのではないかと思っています。

7 「宗教」と「政治」の密接な関係

「一神教」が果たした役割とその限界

宗教において、「一神教的な考え方」のなかには、もちろん、「全体主義」と非常に親和性の高い考え方が出がちではあるのですが、この二千年余りの流れ、あるいは、二、三千年の流れは、「多神教」が「一神教」にかなり破られてきた歴史ではあって、それを宗教史的には「宗教の近代化」と捉《とら》えている面は多いと思います。

ただ、滅《ほろ》ぼされた多神教のなかで、レベルの差の問題はかなりあったのでは

●**多神教**　古代のエジプトやギリシャの宗教、ヒンズー教、日本神道などのように、「神は数多く存在する」と考える形態の宗教。

●**一神教**　ユダヤ教やキリスト教、イスラム教のように、「神は唯一神のみ」と考える形態の宗教。

ないかと思われます。

多神教のなかには、例えば、動物霊信仰《どうぶつれいしんこう》のようなものもたくさん入っていましたし、確かに、迷信《めいしん》に相当するようなものもかなりあったと思うのです。

それに対して、人格神を立てた一神教には、一定の教えでもって、そういうものを排除《はいじょ》していった面があって、それが宗教改革として一定の責務を果たした面もあるとは思います。

しかし、一定の責務を果たしたものの、いまだに融合《ゆうごう》し切れないところを見ると、一神教にはすべてをカバーできていない面があることを示しているのではないか、と考えられるのです。

「宗教」と「政治」は本質的に変わらない

今、必要とされるのは、「複数性を認めながら、自由の解釈《かいしゃく》を行使《こうし》できる、考える人間を育てることができるような宗教を、打ち立てられるかどうか」ということであり、行動の面で見れば、「その宗教が政治性を帯びた行動を取ることができるかどうか」ということだと思います。

心の内なる思想が外面に転化し、アクションとして表れたとき、それが政治行動として出るわけです。

実際には、「宗教」と「政治」という二つのベクトルを持っているにしても、「宗教」と「政治」には、実は、その本質においては変わらないものがあるのではないかと思うのです。

今、当会には、宗教的に考えを追い求めて、宗教としての奥深《おくぶか》さを求めているものもある反面、この世的な政治的活動にも入っているところを、理解してもらえない部分もかなりあります。

しかし、私は、宗教と政治には似たようなところが、実はあるのではないかと思うのです。

宗教的に展開する場合には、それは、「各人が悟《さと》りを求めていく過程で、個別に悟りを求め、真理に到達《とうたつ》しようと努力している」という面で、瞑想《めいそう》的生活、あるいは「コンテンプレーション（観照《かんしょう》）」、ギリシャ語で言えば「テオリア」のところのなかに、宗教的自由が求められると思います。

一方、政治的に見れば、これは「アクション」といわれる部分であり、「政治参加」です。政治参加として、その理想をこの地上に具現化しようとしていくものになると思われるのです。

仏教で言う「上求菩提《じょうぐぼだい》・下化衆生《げけしゅじょう》」の実践《じっせん》を

すなわち、「個人としての悟りを求める宗教性」と、「個人としての活動も中心とした、政治的な側面」とは、仏教で言う「上求菩提《じょうぐぼだい》・下化衆生《げけしゅじょう》」に相当するものなのです。

「上求菩提」である、「個人として、あくまでも悟りを求めていく部分」には、宗教的に、瞑想し、精神統一をし、異次元世界に参入していく面を有していると思われ、真理と一体になっていく方向に努力していく面があります。

もう一つの「下化衆生」、すなわち、「一般《いっぱん》の人々を救う活動」のなかには、もちろん、「教えによって人々を導く」という面もありますが、宗教であっても、一定の組織性を持って大きくなってきた場合には、政治的な活動と極《きわ》めて似通《にかよ》ったものが出てきます。

例えば、マザー・テレサの活動そのものを見れば、彼女は、全世界で四千人以上の修道女《しゅうどうじょ》を擁《よう》し、病人や貧しい人たちを救済する運動を一生懸命《いっしょうけんめい》やっていました。

富める国から金を集め、大資本家など、いろいろなところから寄付を募《つの》って、所得の再分配的機

マザー・テレサ(1910～1997)は、病人等の救済活動だけではなく、寄付を募ったり、政府と交渉して教会や病院の土地を確保しようとしたりするなど、政治的活動も行っていた。

能風に、国家を超《こ》えて、貧しい地域で活動をやろうとしていましたし、政府と交渉《こうしょう》して、教会や病院の土地を確保しようとしたり、いろいろなことをしていましたが、「かなり政治的な側面を持っている」と言わざるをえないと思います。

一定の規模を超えれば、宗教にも政治性が出てきますし、難民や病人、貧民《ひんみん》を救う救済運動も、一定の規模を超えたら、実は政治と表裏《ひょうり》一体になってくるだろうと思われるのです。

宗教には昔から「教育機能」も備わっている

また、宗教の一部には、昔から教育機能も備わっていました。

例えば、お寺には学校の代わりを長らく務めていた面があります。そして、「先進文化を教える」という意味で、お経《きょう》に基《もと》づく、いろいろなことを、日本で教えてきました。

キリスト教においても、海外での伝道と、「英語教育を普及《ふきゅう》させる」という面が一体化して、活動が展開されていた面はあると思います。

日本にも、そういうかたちでのキリスト教系の大学は、国際基督《キリスト》教大学、上智《じょうち》大学、青山学院大学、明治学院大学、同志社《どうししゃ》大学など、たくさんあります。

また、仏教系でも、龍谷《りゅうこく》大学、大谷《おおたに》大学、佛教《ぶっきょう》大学、立正《りっしょう》大学など、たくさんあります。

このように、宗教であっても、教育的な面を持っていて、その人の教養と人生観に何らかの影響《えいきょう》を与《あた》えようとしている面もありました。

そのように見てみると、当会が、歴史を刻《きざ》んで大きくなる過程において、学園事業で中高や大学に進出したり、政治活動に出たりしてきたことは、ある意味で「歴史的な必然」と見えるものがあると思うのです。

片方においては、あくまでも、「観照的生活、瞑想的生活を通して真理をつかみたい」という、修行者《しゅぎょう》としての自由な面を持っていなければいけないところがあると同時に、もう一方の面においては、「学問的な教育面における布教《ふきょう》、および、政治的側面における下化衆生的な活動が展開する」ということは、あって当然のことではないかと思います。

現在、学校教育のもとになる、大学の教育学部で教えられている教育学には、非常に唯物論《ゆいぶつろん》的な史観をもとにして説かれているものも多いのですが、それを学ばなければ、大学入試に優秀《ゆうしゅう》な成績で合格できない面もあるので、非常に困っているところではあります。

当会では、歴史に関して、日本の「自虐史観《じぎゃく》」を認めるような教科書を使いたくない面があると同時に、大学に合格したければ、「世間《せけん》がよく採用している教科書、すなわち、左翼《さよく》の知識人たちがよく勉強しているものに則《のっと》った教科書も勉強する」という、分裂《ぶんれつ》した部分があるのですが、実際上、「高得点が取れない」というような面もあって、使い分けをしている状態です。

教育論全体の哲学《てつがく》を変えていかなければいけませんが、今のところ、まだ少数勢力にとどまっていることは事実なので、政治運動も兼《か》ねて、何とか教育のところにも影響を与えていかなくてはならないと思っているところです。

教育学部や文学部系統の学問を霊言《れいげん》等で検証すると、有名な学者等で地獄《じごく》に堕《お》ちている人もそうとういます。政治学者にもいますし、宗教学者にもいます。

教育系でも、おそらくいると思います。

このへんのところの真偽《しんぎ》をきっちりと調べていくことが、大事なことの一つなのではないかと考えています。

私は、かねがね、「政治における哲学に、一本、筋《すじ》を通したい」という気持ちを持っていました。

それは、「幸福の科学における政治運動は、決して、独裁的なものをよしとするような、全体主義的なものではないのだ。そういう傾向《けいこう》を持っているものに対しては、非常にアレルギー反応を示す傾向が当会にはあるのだ」ということなのです。

8 「民主主義化」が後《おく》れているアジアの国々

中国や北朝鮮《きたちょうせん》、韓国《かんこく》で行われている「思想の一元管理」

中国は、今のところ、まだ共産党一党独裁で、表向きは、いまだにマルクス・レーニン主義的なものを掲《かか》げています。経済面だけが、「金儲《かねもう》けは自由」のようになって、一部、開放されている部分もありますが、もちろん、いつ財産が没収《ぼっしゅう》されるか分からない状況下《じょうきょうか》であることは事実です。政治のほうで没収の法律をつくれば、すぐ没収できるからです。

そのため、富裕《ふゆう》層は、みな、海外に逃亡《とうぼう》できる準備を着々と進めています。

一方、「貧しさの平等」しかない北朝鮮《きたちょうせん》は、「言わずもがな」です。「主体思想《チュチェしそう》」（注。金日成《キムイルソン》が唱道《しょうどう》した、民族の自主性を維持《いじ》するため、人民は絶対的権威《けんい》に服従しなければならないとする思想）という一つの疑似《ぎじ》宗教のようなもので一元管理されてはいますが、残念ながら、国家として認められるレベルにはなっていないように思います。

韓国《かんこく》は、自由主義圏《けん》に入っているはずですが、「歴史認識」を何度も繰《く》り返し言っており、一つの価値観を示さなければ国がまとまらないようなところがあります。「反日」を言わなければ国が成り立たないような国家は、まことに残念な国家です。

そういう行動しか取れない人たち、そういう教育や政治活動しかできない人たちは、おそらくは、反省することもできないはずです。反省すれば、自我が

〝メルトダウン（炉心溶融《ろしんようゆう》）〟を起こすから、反省できないはずなのです。

一方、日本にも、主体的な努力が足りない面はかなりあると思っています。幸福の科学が出ることは、今、ある意味で、日本が復帰していくための大きな精神的バックボーンになっているため、中国や韓国、北朝鮮にとっては、〝怖《こわ》い面〟が、おそらくあるのであろうと思います。ただ、私は、むしろ、「国民に思想の一元管理を強制する国家に、批判されるようないわれはない」と考えています。

「原発問題」で、あえて異を唱えた幸福の科学

私は、「自由に意見が言える国でなければおかしい」と思っているので、あ

えて異を唱え、逆のことをよく言ったりしてきました。

ですから、先の選挙（二〇一二年衆院選）の前などには、原発事故に関して、マスコミが雪崩《なだれ》のような報道を大々的に打っているときであるにもかかわらず、「原発事故で、直接、人が死んでいるわけではない。人が二万人弱死んだのは津波《つなみ》によるのであって、原発事故で死んだわけではないのだ」と言いました。

一方、ついこの前まで、政府は、「CO²（二酸化炭素）の排出《はいしゅつ》を減らす」ということを国際公約にしていたにもかかわらず、原発事故のあとは、化石燃料をたくさん買っていますし、電気料金がガンガン上がっている状況下において、「〝産業の米〟としての電気を安定供給できるのか」という問題に十分に答え切れていません。

「本当に、それでよいのか。工場は動かない。夏でも冷房《れいぼう》ができず、老人が百人単位で死んでいく。それに対しての責任はないのか」と私は言いたいのです。

「節電をしてください」と言われて、老人たちは真面目《まじめ》に節電をし、その結果、大勢、熱中症《ねっちゅうしょう》で死んでいます。

放射性物質で死んだ人はいませんが、節電の結果、熱中症で死んだ人は大勢います。これは構わないのでしょうか。そういうときに限って、暑い夏が続いています。

国民が全部、一色に染まってウワーッと動き始めたときには、私は、若干《じゃっかん》、天邪鬼《あまのじゃく》的に見えるかもしれないけれども、異を唱えて、国民の目を覚まそうとする動きをしています。

そういう意味では、「ある意味で非常に〝ソクラテス的な動き〟なのかな」

と、自分で思うことはあるのですが、やはり、「疑問を提示して、考えさせなければいけない面があるのではないか」と考えている次第《しだい》です。

「シーレーン(海上輸送路)」確保の重要性

原発を廃止《はいし》して化石燃料に頼《たよ》るのであれば、今度は、中東から日本に向けてのシーレーン(海上輸送路)の確保が、非常に大事なことになってきます。

アフリカで、ソマリア辺りを中心に海賊《かいぞく》が出没していることは周知の事実です。「これに対して、どのような警備活動ができるのか」ということも問題ですし、「どうすれば、他《た》の国々とも協力して、そういう海賊から護《まも》れるようになるのか」ということは、やはり重要な問題だろうと思います。

「原発は原発、自衛権は自衛権で、別の問題である」というように、両者を分離《ぶんり》して考える人もいるのかもしれませんが、やはり、一貫《いっかん》したものではないかと思われます。

私が、特に中国問題について、わりに早いうちから警鐘《けいしょう》を鳴らしているのは、台湾《たいわん》問題が絡《から》んでいるからです。台湾では、「台湾省」と書いたナンバープレートの車がいっぱい走っていますが、中国は、もちろん、台湾を「中華《ちゅうか》人民共和国の台湾省」にしてしまいたいでしょう。

しかし、台湾のなかでも、「揺《ゆ》らぎ」が起きています。当会の活動が活発になるにつれて、中国との統一には疑問を持つ人も出てきていますし、香港《ホンコン》でも、「中国に丸呑《まるの》みされたくない」という動きは、そうとう強く出てきています。

人々が、「そちらの暮らしのほうがよい」と思うものが否定されて、「そのようになりたくない」と思うほうに吸い込《こ》まれていく世の中はよいわけではないので、一定の努力はしたほうがよいと思います。

もし、台湾が中国の領土になり、中国本土の海《かい》南島《なんとう》にある海軍基地から、そのシーレーンを完全に押《お》さえられるようになれば、日本に入る中東からの石油等は、極《きわ》めて危険な状態に置かれます。

さらに、憲法九条の改正ができず、自衛隊法という、ある意味で隠《かく》れ蓑《みの》的なものでやっている現状においては、日本のタンカー一つもなかなか護れない状況にあると思います。

2011年5月22日、香港において、「The Fact and The Truth(「事実」と「真実」)」という題で説法を行った。

今、尖閣《せんかく》等でいろいろと問題があっても、実際に出ていっているのは海上保安庁であって、自衛隊ではありません。

海上保安庁は国土交通省の管轄《かんかつ》下にあるもので、軍隊ではありません。海上保安庁が〝出撃《しゅつげき》〟していて、自衛隊が使えているわけではないのです。

ある意味では、国費の無駄《むだ》と言えば、無駄であり、「独立国家としての主権の行使が十分にできていない」と言えると思います。

図体《ずうたい》は大きいが、「発展途上国《とじょうこく》」でしかない中国

尖閣諸島をめぐっては、中国との間で、「尖閣事件」（注。二〇一〇年九月、尖閣諸島付近で中国の漁船に海上保安庁の巡視《じゅんし》船が衝突《しょうとつ》された事件）が起きま

した。

　また、韓国の大統領が竹島《たけしま》を訪問（二〇一二年八月）したあと、中国では、日本による尖閣諸島国有化（同年九月）に抗議《こうぎ》して、日系企業《きぎょう》の焼き討《う》ちが、そうとう起きて、大々的に報道されました。

　しかし、「それについて、中国が補償《ほしょう》をした」という報道はまったくなく、「反省した」「謝罪した」という報道もまったくない状態です。

　そうであるにもかかわらず、中国の要人《ようじん》が、ぬけぬけと日本に来て、「中国への投資をもっと加

日本が尖閣諸島を国有化したあと、中国では「反日デモ」や「日系企業に対する焼き討ち」が数多く発生した。

速するように」と言っているような状況なので、「神経が普通《ふつう》ではない」と考えざるをえないのです。

これは国際レベルではありません。「一国主義」でやっているとしか考えられないのです。図体《ずうたい》は大きいが、「発展途上国《とじょうこく》」であるとしか言いようがないと思います。

中国への投資を促進《そくしん》してほしいのなら、安全の保障ぐらいはしなくてはいけません。

中国に投資し、会社をつくり、中国人の新しい社員をたくさん雇《やと》って、中国を発展・繁栄《はんえい》させ、利益を出して雇用《こよう》を生んだ日系企業が、焼き討ちをされたのです。それも、どうも国策によってやられたらしいのですが、それを知っていて、謝罪の一つもなく、逆に、七十年以上も前のことを、一生懸命《いっしょうけんめい》、原罪のごとく言い続けています。
やはり、「異常としか言いようがない」と言わざるをえないと思います。

韓国《かんこく》は「反省できないのは自分たちだ」と知ったほうがよい

韓国《かんこく》においては、幾《いく》つかの巨大《きょだい》企業が、日本企業との競争に打ち勝つことに執念《しゅうねん》を燃やしておられることとは思いますが、アベノミクスが始まってからは、円安効果もあって、経済的には逆風になってきていると思われます。現在、苦しくなっているはずなのです。

そういう意味では、中国も韓国も、「日本に対して、一定の折り合いをつけ、何らかのかたちで関係を修復しなくてはいけない」と思っているでしょう。それにもかかわらず、自分たちの原理・原則、あるいは、「反日」でもって国をまとめてきた実績によって、それを変えられないでいます。

したがって、「反省できないのは自分たちである」ということを、よく知ったほうがよいと思います。

〝復讐《ふくしゅう》をするカルチャー〟が残っているアジア圏《けん》

それに対して、日本企業のほうは、今、投資先を求めて、東南アジアやアフリカなどに盛《さか》んに移動しているところです。どんどん工場を移そうとしたりしているわけですが、これは当然の行動かと思われます。

今後、ASEAN《アセアン》（東南アジア諸国連合）を中心にした繁栄が起きてくる可能性は極めて高いのではないかと思います。

ただ、これらの国々のなかには、訳の分からない部分が、まだ、そうとうあることはあるのです。

例えば、先般《せんぱん》、私が巡錫《じゅんしゃく》を予定していたタイでは（注。このときのタイ巡錫はタイの霊界《れいかい》事情等により中止になった。『比較《ひかく》宗教学から観《み》た「幸福の科学」学・入門』（幸福の科学出版刊）参照）、現在、インラックという女性が首相をしていますが、その兄であるタクシン元首相は、犯罪者として告発され、国外に逃亡中なのです。

タクシン元首相は、先般（二〇一三年十月二十六

『比較宗教学から観た「幸福の科学」学・入門』（幸福の科学出版）

『守護霊インタビュー タイ・インラック首相から日本へのメッセージ』（幸福の科学出版）

日）、安倍《あべ》首相と会食したようです。「国内で犯罪人として追われていて国外に逃亡している人と、日本の首相が会食した」というのは異例のことですが、タイには、まだ政治的には未成熟なところが、そうとうあるのではないかと思われます。

「権力の座から降りたあと、すぐ犯罪者にされてしまう」ということには、韓国や中国によく似たところがあります。

これは昔の戦国時代の名残《なごり》であり、「戦いに勝ったほうが、負けたほうを完全に滅《ほろ》ぼしてしまう」というようなことが、選挙の時代になっても残っていると言わざるをえない面があるのではないでしょうか。

選挙制度の発明そのものは、「命の取り合いをするよりは、票で勝ち負けを決めたほうがよかろう。殺し合いをやめて、投票の結果に従う方針にしよう」

ということで、一歩進めたことではあるのですが、どうしても「憎《にく》しみ」が残るらしく、〝復讐《ふくしゅう》をするカルチャー〟が、アジア圏《けん》では、まだ、そうとう残っています。

そういう意味で、「アジア圏では、本当の意味での民主主義化は、できていないのだ」と思われます。

日本には、そこまではやらないところがあるので、そういうところはよろしいと思います。

9　日本における「指導階層の課題」

「学歴社会」「偏差値《へんさち》社会」の功罪

一方、日本には日本の問題があります。要するに、「どういうかたちで指導階層をつくっていくか」という問題が、まだ残っているのではないかと思います。

明治以降、「四民《しみん》平等」の時代が来ましたが、皇室や華族《かぞく》はありました。やがて、そういうものの力が落ちてきて、それに代わるものとして、学歴主義的な階層秩序《ちつじょ》ができてきたところがあります。

ただ、これにも、今、功罪の両面が出てきているとは思います。「一代限りで、なかなか連続できない」というところが厳しいのではないでしょうか。

皇室には、塾《じゅく》や予備校に行って勉強し、民間の人と競争するわけにはいかないところがあり、〝学習院〟文化に染まっていたのですが、今、だんだん、それから離《はな》れていこうとし始めています。

どうしても、「学歴社会や偏差値《へんさち》社会で尊敬されるかどうか」ということが現れてくるのですが、そのへんで、「やはり国民より上でなくてはいけない」というような気持ちがあって、今、多少、苦しんでいらっしゃるのではないかという印象を受けます。

もちろん、日本よりもアメリカのほうが、もっと学歴社会になっています。日本の場合には、ある程度、学歴社会になりつつも、それが万能《ばんのう》ではないことをまだ知っている面はあります。昔の丁稚奉公《でっちぼうこう》型の修業《しゅぎょう》をし、番頭《ばんとう》さん型で育てられた者の文化的価値が高いことを知っている面もあって、完全には移行し切れないでいるわけです。

アーサー・ヘイリーの昔の小説（『ホテル』一九六五年発表）に、「ホテルマンが大学の経営学科を出ている」というような設定の話が確かあったような気がしますが、日本のホテルでは、いまだに大学卒の採用を嫌《いや》がる傾向《けいこう》がありま す。

それは、「大学卒は、頭《ず》が高く、仕事の覚えが悪く、サービス精神に欠ける。自分よりお客様のほうが偉《えら》く見えないといけない」という理由です。

そういう面はあるので、日本はまだ完全には移行し切れないでいると思います。

また、専門的なところで、修士や博士などの資格を取った人の場合、その専門についての仕事をできるなら構わないのですが、それ以外のところの仕事をさせるとなったら、やり方を会社が教えるというスタイルになり、学びが〝薄《うす》い〟のです。

そのため、どちらかというと、「大学に入るときに頭のよさだけを証明してくれれば、あとは体育会系でも結構です」というようなカルチャーが基本的にあって、「会社で、その文化を教え込《こ》む」ということが多いように思われます。

今後、どちらが勝つか、よく分からないところではあるのですが、どちらにも、よいところはあるのではないかと考えています。

オバマ大統領やオバマ夫人は、ハーバードの法科大学院（ロー・スクール）を出ていますが、奨学金《しょうがくきん》制度がなければ、おそらくハーバードなどには行けなかったでしょう。

黒人であっても、奨学金を受けて、ハーバードまで出ることができれば、支配階級に入れるのです。そういう、学歴を取れることのありがたみを、オバマ大統領は十分に知っているでしょうから、「教育面等で十分にお金を出して、そういうチャンスを与《あた》えたい」という気持ちを持っておられるだろうと思います。

一方、日本においては、一九八〇年代までは、学歴が、一定の〝入り口〟では、有利な役割を果たしているところはあったのですが、九〇年代以降、日本の経済制度が崩壊《ほうかい》し、経済発展が止まったあたりで、学歴社会がかなり壊《こわ》れてきたことも事実です。

今、「これを、どのようなかたちで新しく再構築するか」という問題があり、教育の面でも、非常に迷いがあるところなのではないかと思います。

大学入試などは、どうあるべきか

大学入試では、センター試験を長らく続けてきましたが、政府は、今、これを廃止する方向を打ち出し、「到達度型《とうたつど》のものを何回か行う」と言い出したりしています。そのへんをいじり始めることは、だいたい、〃迷い〃が出ている証拠《しょうこ》ではあるのです。

「受験のチャンスが一回しかないから行けない」という問題をなくすために、前期日程試験と後期日程試験を実施《じっし》してきましたが、結果的に、「それもうまくいかない」ということになり、後期試験の枠《わく》がだんだん狭《せま》くなってき始め、次には、「推薦《すいせん》制度にしようか」という話になってきています。

東大でも、「後期日程は百人ぐらいの推薦にしようか」と言っています。「推薦にする」ということは、どういうことかというと、これは、基本的には、首相や大臣の息子《むすこ》、皇室の方、大会社の御曹司《おんぞうし》などが入れる体質になるのです。

「大学の民営化が進む」ということは、「外国でやっていることと同じことを、やるようになる」ということでしょうから、「学力だけではないもので入れてあげたほうがよいものもあるでしょう」ということだろうと推定されます。

今、週刊誌等を騒《さわ》がせていますが、「いよいよ、皇室からも東大生が出るのではないか」と言われています。「秋篠宮《あきしののみや》さまのところの悠仁《ひさひと》さまも、皇太子さまのところの愛子《あいこ》さまも、百人の推薦枠があれば、東大に入れる」ということで、マスコミが面白《おもしろ》半分に騒《さわ》ぎ立てています。

大学というのは不思議なところで、入ってしまえば、卒業できないわけではない場合もありますし、入ってからも、ずっと競争があって、卒業できない場合もあるので、このへんは難しいところなのです。

ただ、東大は、なかへ入ってからも、「進学振分《ふりわ》け」等があって、けっこう厳しく、卒業できない場合が、わりあい、あることはあるので、一定の能力は要《い》るかもしれません。

また、ほかの大学と違《ちが》って、教養学部での留年《りゅうねん》もそうとうあります。志望学科を二つぐらい選ぶため、留年までして平均点を上げることを、かなりの人がやっていますので、厳しいことは厳しいでしょう。

ただ、東大などを出たあと、その学問をそのまま仕事に使えないところが、今、残念なところです。ここは、一回、立て直さなければいけないと思います。

宮澤喜一《みやざわきいち》首相以降の、東大“没落《ぼつらく》”の部分については、何らかの立て直しをしなくてはいけませんし、学問に実際的な力を与えなければならないのではないかと思っています。

10　幸福の科学は「国のつくり方」を教える

「実社会において力になるもの」を学べる幸福の科学大学

幸福の科学大学においては、「ある意味で教養にもなるけれども、実社会においても力になるようなものを、身につけさせよう」と考えています。

人間の基本的な目的は、やはり、「利他《りた》の心を、この世において実践《じっせん》する」ということなので、人間幸福学部では、「個人を幸福にし、社会を幸福にするための学問」を研究させます。

また、「経営という場において、会社を黒字化させ、発展させ、多くの雇用《こよう》を生み、人々を豊かにする。そのような社会をつくりたい」という願いを、経営成功学部に託《たく》しています。

未来産業学部においては、「日本の未来産業を次々とつくっていくことによって、日本が二流国や三流国に落ちることなく、先進国の地位を引き継《つ》げるようにしながら、『次の時代の産業の旗手《きしゅ》』を育てていかなくてはならないし、理科系出身の企業《きぎょう》経営者もつくっていきたい」と思います。

幸福の科学は「国づくりのための宗教」

そうした「新しい方面での産業」をつくることができれば、どうなるでしょうか。

アジア・アフリカの人たちは、「幸福の科学に学べば、国がつくれるのではないか」というようなことを、よく言っています。それを聞くと、非常に新鮮《しんせん》な感じがします。

アフリカの幾《いく》つかの国の人たちは、「幸福の科学の教えで国がつくれる」というようなことを言っていますし、モンゴル辺りの人も、「これで国がつくれる」と言っています。日本人には、意外に、そういう認識があまりなくて、私の著書を読んでも、それが分からないのですが、外国の人のほうがよく分かっています。

今月の「フューチャー・エクスプレス」(二〇一三年十一月号)という、会内に情報を知らせるための三十分ぐらいのＤＶＤには、アフリカから日本に来ておられる方が出ていて、かなり上手に日本語を話していました。

その方も、幸福の科学の教えを全部は勉強できていないでしょうが、現在までに勉強した感じとして、「これは、宗教と政治、経営、科学など、いろいろなものにまたがっている。この考えがあれば、国がつくれる」というようなことを言っていたので、意外に、外国から来ている人のほうが、はっきりと幸福の科学の意味を悟《さと》っているところがあると思います。

当会は、まさしく、「国づくりのための宗教」なのです。したがって、ほかの国でも、同じことが応用できるわけです。

中国は「複数の価値観」を認める政治体制を

実は、中国にも、一部、もう当会の教えは入っています。まだ、「個人の成功や会社の成功」的なところで当会の教えを使っていますが、これは、いずれ、「国づくり」にも使っていける考え方なのです。

当会は、政治的には、中国に対して、かなり〝厳しい〟ことを言っているように見えるかもしれませんが、私たちは、先ほど述べたように、「思想のプルラリティ（複数性）」を言っているところなので、決して、彼らを嫌《きら》っているわけでも憎《にく》んでいるわけでもありません。これは口先だけで言っているわけではないのです。

十数億も人口のある国が、一元管理で思想を統制することには無理があって、そのなかの人たちに対し、そうとうな抑圧《よくあつ》が起きているので、やはり、考え方とシステムを変えていったほうが、彼らにとっても幸福です。私たちは、そういう考え方を提示しているのです。

それは、「複数の価値観を認める政治体制をつくり、議論によって結果を導いていける政治システムに変えたほうがよい。それは経済の自由主義思想とは非常に相性《あいしょう》のよい考え方なのだ」ということです。

「宗教の多様性」を認めることで「自由人」が生まれる

そうした民主主義社会においては、実は、宗教も、いろいろな宗教が発展する可能性を持っています。価値観の多様性を認めれば、宗教の多様性も認めることになるのです。

宗教の多様性を認めると、個人として人格を陶冶《とうや》することや、教養を深めること、それから、精神レベルを高めることを促《うなが》し、先ほど述べた、"Thinkable《シンカブル》

Man《マン》”「考えることができる人間」を、多数、輩出《はいしゅつ》することができます。

宗教と学問が協力して、「考えることが可能な人間」をたくさんつくることができます。それは「自由人」を生むことになるでしょう。

数多く生まれてくる「自由人」は、一党独裁型のイデオロギーを押《お》しつけたかたちでの、「ただ従え」という考え方の国体にはそぐわないでしょうが、そうした人たちをつくっていくことが、おそらく、未来のリーダーを数多くつくっていくことになると思います。

中国本土から香港《ホンコン》に逃《のが》れる人が大勢います。「できたら、移住したい」と思い、子供だけでも、越境《えっきょう》させて香港の学校に通学させ、そこを卒業させようとしている人が大勢いるのです。

私は、「そこまで行くのだったら、むしろ、香港の考え方を中国本土に広げたほうがよろしいのではないでしょうか」ということを、率直《そっちょく》に申し上げているわけです。これには何らの悪意もなければ、彼らに対する敵意があって言っているわけでもなく、「よいと思うほうが広がるのが、よろしいのではないですか」ということです。

同様に、「台湾《たいわん》の繁栄《はんえい》がなくなるのであれば、台湾が中国に吸収されてしまうことは、よいことではないのではありませんか。むしろ、台湾の繁栄を中国に広げたほうがよいのではないでしょうか」と言いたいのです。

繁栄のもとにあるのは、「人間の考え方に、いろいろなものがあり、それらが切磋琢磨《せっさたくま》し合って、よいものが選び取られていく」ということです。

その自由のなかに繁栄は訪《おとず》れるのです。そのことの大切さを知らなくてはなりません。

11　政治哲学《てつがく》の「使命」とは何か

政治の意味を「自由の創設《そうせつ》」と見たハンナ・アーレント

私がときどき引用する政治哲学《てつがく》者で言えば、ハンナ・アーレントという人が、〝それ〟を言っています。彼女は、「政治の意味は『自由の創設《そうせつ》』に尽《つ》きる」ということを、はっきりと言っています。

彼女は、ハイデッガー（ドイツの実存主義哲学者）門下ではありましたが、ナチズムのなかで言

ハンナ・アーレント
（1906 ～ 1975）

論が統制され、そして、「ユダヤ人である」ということ自体でもって排斥《はいせき》され、「居残れば殺される」ということを、実際に経験した人です。

その人が、「自由の創設をしなければ、政治は失敗なのだ」というようなことを言っているわけです。

だから、ヒットラーは、「第一次大戦後から第二次大戦前にかけて、二十年間でドイツを復興させた」というところでは、天才的な手腕《しゅわん》を示した人だと思いますし、まだ民主主義的制度が残っているなかにおいて、九十数パーセントの支持率を得たので、民主主義的にリーダーになった方です。

ある意味では、ドイツを復興させたところまでで止《と》めれば、日本で言うと、太閤秀吉《たいこうひでよし》的なものがあったかもしれないとは思います。

しかし、他国への侵略《しんりゃく》を、腹黒い考えでもって次々とやっていったなかには、度を超《こ》えたものがあったのではないかと思われます。内心を隠《かく》しながら、いろいろなことを考えて侵略をしていたのです。

日本は「日独伊《にちどくい》三国同盟」を結びましたが、ヒットラーの『わが闘争《とうそう》』には、黄色人種《おうしょく》、有色人種への差別が、はっきり書いてあります。これは、彼が独房《どくぼう》のなかで書いた書物です。

『わが闘争』は、日本では読めますが、ドイツでは読めないのです。なぜなら、禁書にされているからです（注。ただし、二〇一四年一月、『わが闘争』の著作権を持つ「ドイツ南部のバイエルン州政府」は、二〇一五年以降、学術的注釈《ちゅうしゃく》付きで同書のドイツ国内での発刊を認める方針を打ち

ヒットラー著『わが闘争』の原書
（ドイツ語）

出した）。そういう意味では、日本は自由な国ではあるのですが、その本のなかには、人種差別がはっきり書いてあるのです。

ヒットラーは、「ユダヤ人差別」をしていましたが、本当は「日本人差別」も心のなかにあったことが分かっているわけです。

杉原千畝《すぎはらちうね》（注。日本の外交官。第二次世界大戦中、リトアニア領事館に勤務し、約六千人のユダヤ人に対してビザの交付を行った）さんは、ユダヤ人たちを脱出《だっしゅつ》させましたが、実は、そういう当時のドイツについて、政体としての危険性を知っていた面もあったのではないかと思います。

民族は違《ちが》えども、人間としての自由はあるので、

杉原千畝
（1900～1986）

ユダヤ人を助けなくてはいけないところもあります。

しかし、今のように、イスラエルが、すごい軍事的強国になって、「アラブをいつでも攻撃《こうげき》する」という、かなり強力なことを言い出したら、これについては、冷静に議論をし、きちんと言わなければいけないところもあると思うのです。

「一方が正しくて、もう一方は間違っている」という考え方を、必ずしも取るべきではないと、私は思います。

それぞれの文化の進化度合いは、時代によって違いはあるかもしれませんが、「可能性がある」というところにおいては、みな平等です。

そういう意味では、ユダヤ人が迫害《はくがい》されたからといって、「ユダヤ人は、今度は、ほかの者を迫害してよい」という理由には決してならないのです。

「普遍《ふへん》なるものの影《かげ》」を追い続ける

仮に、「日本が、先の戦争によって、中国や東南アジアの人々に、いろいろな迷惑《めいわく》をかけた」ということが、歴史的事実としてあったとしても、「彼らは、日本に対して、同じことをしてもよい」ということにはなりません。

それが言えるのならば、「アメリカは、日本の広島と長崎《ながさき》に原爆《げんばく》を落としたから、日本も、アメリカのワシントンとニューヨークぐらいには原爆を落としても構わない」という議論と同じになるわけですが、それは許されようもないでしょう。

それよりは、やはり、もう一段、両国民の幸福を前進させる方向を選ぶほうがよろしいだろうと思います。

さまざまな価値観があります。それを認めることは、混乱を生むことでもあります。しかし、その混乱を生むもののなかから、「普遍《ふへん》的なる真理とは何であるか」ということを常に見抜《みぬ》き、「普遍なるものの影《かげ》」を追い続けることこそ、政治哲学の「使命《しめい》」なのではないかと思います。

民主主義は力学的には多数者が圧政を敷《し》きやすい政治であるからこそ、「真理の立場に立って意見を言い、一定の力を持って発言する」ということ、また、「学問的にも、そういう発言をしていく」ということには、非常に大きな意味があるのではないかと私は思っています。

12　真の「自由」と「平等」の考え方

政治が理想とする「平等」とは「チャンスの平等」

以上を要約すると、私が考える、「政治における哲学《てつがく》」「政治理論」において、「肯定《こうてい》」されるべきものは何でしょうか。

人間は、「仏性《ぶっしょう》を持っている」というところにおいては平等です。すなわち、「神の子である」というところにおいては平等です。

「ある民族が呪《のろ》われていたり、生まれつき原罪を持っていて迫害《はくがい》されたりしなければならない」というようなことは認めがたいので、そのようには思って

●仏性　すべての魂に等しく宿っている、「仏の子」「神の子」としての性質。

はいません。それぞれに可能性を持っており、そういう意味での「平等性」は持っています。

ただ、「結果の平等」だけを目指すのが政治の理想だとは思っていません。目指すべきなのは、「機会の平等」「チャンスの平等」であると思うのです。

例えば、明治維新《いしん》のときの「四民《しみん》平等」のように、「全員を平等にする」ということもありえますが、「チャンスの自由」を全員に与《あた》えたら、結局、これは「平等」と同じなのです。

「生まれ」によらずして、それぞれの「才能」あるいは「努力」によって認めていけば、結局、平等な社会ができます。そういう「チャンスの平等」を認めれば、それは、基本的には「自由」と同義になるのです。

「結果」の開きを、どこまで許容するか

そうした自由を認めれば、もちろん、結果の面で差が開《ひら》いてくることがあります。「その開きを、どこまで許容するか」ということには、社会としての度量の問題もあろうかと思いますが、その開きを少ないものに考えすぎたら、不幸なことも起きて、「全体の貧しさ」「貧しさの平等」を結果的に呼ぶことにもなります。

しかし、「高い水準での平等」に成功するかといえば、歴史上、そういうことは、めったにありません。

教育で言えば、「全員が百点を取れるようにしよう」というような、「ゆとり

教育」というものが行われましたが、全員が百点を取れるような教育は、結局、レベルが下がるだけのことです。

レベルを上げて全員が百点を取れるようには、やはり、なりません。それだと、別な意味の〝地獄《じごく》〟ができるはずです。難しい問題で全員が百点を取れるようにするには、「この問題が解けなかったら、殺す」というような脅迫《きょうはく》でもかけて教育しなければ無理でしょうし、結局は、易《やさ》しい問題になっていきます。英単語だろうが、数学だろうが、易しくしていき、国語のレベルも下げ、習う漢字の数を減らしたりします。そのようになっていくわけです。

教育においても、そのような結果平等を求めれば、レベルが下がりますが、経済においても、結果平等を求めすぎると、やはり、全体のレベルが下がっていくことになるのです。

累進課税《るいしんかぜい》など、「儲《もう》かっているところから、儲かっていないところに、所得の再分配をする機能」が一定程度はあってもよいかもしれませんが、これが限度を超《こ》えた場合には、不幸な人をつくります。「全体のレベルを下げる分岐点《ぶんき》があるのだ」ということを知っていなければいけないのです。

また、個人だけが成功するわけではなく、個人としての大きな成功には、たいていの場合、事業の成功を伴《ともな》うことが多いのです。

個人的に、例えばカジノのたぐいで大儲《おおもう》けをした場合は別かもしれませんが、そのようなことではなく、正当な仕事で成功した場合には、大きな事業を生むことが多いので、その利益は多くの人たちの利益に分割《ぶんかつ》され、分配されていくことになるのです。

官僚《かんりょう》が権力を持つ「国民主権」になっていないか

そのへんについて、「政府が主体性を持って、成功の手柄《てがら》を立てなくてはいけない」という考えを政府が持っているなら、それは間違《まちが》いではないかと思います。

やはり、「民間主体でやれるものは民間でやり、民間では手が届かないところを政府が埋《う》めていく」というのが基本的な考えであり、その意味においての「小さな政府」は残ると思っています。

また、「国民主権」「平和主義」等も、大きく言われていることですが、「言論の自由等が大事である」と言われていて、まことに「もっとも」であり、そのとおりだと思います。

ただ、「国民主権」と言いつつも、結局、「一定の官僚《かんりょう》だけが権力を持っている」というような国をつくったら、共産主義社会と変わらないことになるので、そのへんについては、よく考えなければいけません。

先ごろ、アメリカでは、連邦《れんぽう》政府の予算が組めないので、公務員が八十万人も自宅待機をしたときもありましたが、これは、「公務員は税金

2013年（平成25年）10月2日（水曜日）

連邦行政の停滞必至

1日、ワシントンで、政府機能の一部停止により閉鎖されたリンカーン記念堂（ロイター）

博物館閉鎖、ビザは発給

【ワシントン＝広瀬英治】1日始まった米政府機能の一部停止は、幅広い分野に影響を及ぼす。

米行政管理予算局（OMB）は9月30日深夜、政府の諸機関に「規律正しく機能停止の計画を実行する」と通知した。各機関は1日朝から数時間のうちに準備を整え、必要最低限の要員を除いて職場を離れた。

例えば米航空宇宙局（NASA）は職員約1万8000人のうち実に97%が自宅待機となる。より大きな組織でも財務省（約11万2000人）の80%、商務省（約4万6000人）の…%が自宅待機となるなど、中央行政や国家プロジェクトの停滞を招くことは避けられない。

目に見える形ですぐに影響が出たのが、国立公園などの閉鎖だ。壮大な自然を売り物にした国立公園や、本物の宇宙船がみられるワシントンの国立博物館などは日本をはじめ世界中から観光客を集めている。それらの閉鎖が長引けば、旅行者はもちろん、米国内外の旅行産業にも打撃となる。

一方、米国務省は、米国入国に必要なビザの発給を

停止される主な米政府機能
- 中央省庁の一般事務
- 緊急時を除いた国立医療機関の患者受け入れ
- 国立公園、国立博物館の入場
- 国税の還付
- 住宅ローンの公的保証

※以下は影響を受けない
- 軍、連邦捜査局（FBI）、国境警備、航空管制、災害派遣
- 在外公館を含むビザ、パスポートの発給
- 社会保障給付、退役軍人給付
- 郵政公社、米連邦準備制度理事会（FRB）

アメリカでは、2014年会計年度の暫定予算が期日までに成立せず、一時、連邦政府の機関が閉鎖されたため、約80万人が自宅待機となった。写真は2013年10月2日付の読売新聞・朝刊の記事。

によって養われているのだ」ということを見事に証明した実例だったと思うのです。

日本では、たとえ一時期であっても、「予算が組めないために公務員が何十万人も自宅待機になる」ということは考えられません。公務員のほうが主権を持っていて、そうならないようにするでしょう。

したがって、国民主権のところについては、本当にそうなっているかどうか、考えなければいけないのです。

また、その国民主権の考えのなかに、「人間は神の子、仏の子である」という思想を否定するものがある場合には、要するに、「宗教を否定する意味での国民主権」、あるいは、「数合わせだけの国民主権」になるのであれば、問題があります。官僚、あるいは共産党のエリートのようなものが、神仏に成り代わることにすぐなってくると思うのです。

やはり、「人間の利益を超えたものの存在」を忘れないことが大事なのではないでしょうか。

そういうことのなかで、やはり、教育レベルを上げられるものなら上げ、チャンスを与え、「考えることができる人」を数多くつくっていき、「考えることができる人」が自由の意味を実現していくことが、政治の本当のあり方なのではないかと、私は思います。

「真なる目を持った自由人」を育てる

そういう意味では、妬《ねた》みが多くなったり、嫉妬心《しっとしん》が大きくなったりするような社会は、つくるべきではありません。

大きく成功した人には、「成功しすぎた分を、すなわち、自分の余得を、何らかのかたちで他《た》の人たちに分配していく」という、「騎士道《きしどう》的な精神」を持つことが、倫理《りんり》的に求められるべきであり、「成功が犯罪的なものとして裁かれたり、分配が強制的にやられすぎたりすることには問題がある」と私は考えています。

天才的な才能を持つ人が出ることは、実は、国家にとってはありがたいことですし、国家だけではなく一般《いっぱん》国民にとっても、ありがたいことです。「大きな企業《きぎょう》ができ、寂《さび》れた県などにもその会社が進出して、職場ができる」というのはよいことなのです。

緊急《きんきゅう》時には役所主体でやらなくてはいけないこともあるでしょうが、民間の活躍《かつやく》に嫉妬するようなことをもてはやすような風潮は、慎《つつし》むべきではないでしょうか。

最初のほうで金融《きんゆう》庁について述べましたが、金融庁は、「メガバンクを三つとも調べ上げたい」と言っているようです。しかし、〝鬼平犯科帳《おにへいはんかちょう》〟風に「勧善懲悪《かんぜんちょうあく》」をほめすぎると、銀行のほうは、もう、積極的なことをしなくなっていきます。

せっかく、日銀が大量にお金を出して、国民の「新しい産業起こし」を手伝おうとしていても、別のところが水を差して、これを潰《つぶ》すことだって、できないわけではありません。

銀行の採算を悪くしたり、株価を下げたりして、連鎖《れんさ》的に、「中小企業などが救済されない」「事業に成功できない」「新しい企業家が育たない」というような風潮を生むなら、それには、やりすぎの面があるので、そういうところをきちんと〝見分ける目〟を持たなくてはならないと思います。

私どもの新しい学問も、そうした「真なる目を持った自由人」を育てる機能を持てば幸いだと思います。

「政治哲学の原点」について、私のだいたいの考え方を述べました。今後、いろいろなものについて判断していくための「認識の根拠《こんきょ》」になるのではないかと思います。

あとがき

戦後日本の「左翼イコール自由主義、平和主義」的な単純な考え方は改めるべきである。粛清と、強制収容所と侵略主義的覇権主義が台頭してきたなら、その権威主義、侵略主義に対して、「自由の創設運動」を起こさねばならない。洗脳と集団催眠を多用するマスコミに対しては、ソクラテス的対話術を学んでいくべきだろう。

本当の自由とは何か、本当の平等とは何であるか、真剣な建設的な議論をもって「批判の学」を構築していきたいと願うものである。

この日本という国に、一陣《いちじん》の時代精神の風が吹き始めていることに早く気づいてほしい。

二〇一四年　三月十一日

幸福《こうふく》の科学《かがく》グループ創始者兼総裁《そうししゃけんそうさい》
幸福《こうふく》の科学大学創立者《かがくだいがくそうりつしゃ》　大川隆法《おおかわりゅうほう》

『政治哲学の原点』大川隆法著作関連書籍

『プロフェッショナルとしての国際ビジネスマンの条件』（幸福の科学出版刊）
『朝日新聞はまだ反日か』（同右）
『「特定秘密保護法」をどう考えるべきか』（同右）
『潘基文国連事務総長の守護霊インタビュー』（同右）
『安重根は韓国の英雄か、それとも悪魔か』（同右）
『守護霊インタビュー　朴槿惠韓国大統領　なぜ、私は「反日」なのか』（同右）
『比較宗教学から観た「幸福の科学」学・入門』（同右）
『守護霊インタビュー　タイ・インラック首相から日本へのメッセージ』（同右）
『吉田松陰は安倍政権をどう見ているか』（幸福実現党刊）

『韓国　朴正熙元大統領の霊言』（同右）
『神に誓って「従軍慰安婦」は実在したか』（同右）

政治《せいじ》哲学《てつがく》の原点《げんてん》──「自由の創設」を目指して──

2014年4月1日　初版第1刷

著　者　　大《おお》川《かわ》隆《りゅう》法《ほう》

発行所　　幸福の科学出版株式会社

〒107-0052 東京都港区赤坂2丁目10番14号
TEL(03)5573-7700
http://www.irhpress.co.jp/

印刷・製本　株式会社 東京研文社

落丁・乱丁本はおとりかえいたします

ISBN978-4-86395-450-2 C0030
Photo: 読売新聞／アフロ　Newscom/アフロ　ロイター／アフロ　Picture Alliance
AP/アフロ　Getty Images　dragoner_JP

大川隆法霊言シリーズ・最新刊

「忍耐の時代」の外交戦略 チャーチルの霊言

もしチャーチルなら、どんな外交戦略を立てるのか?"ヒットラーを倒した男"が語る、ウクライナ問題のゆくえと日米・日ロ外交の未来図とは。

1,400円

安倍昭恵首相夫人の守護霊トーク「家庭内野党」のホンネ、語ります。

「原発」「ＴＰＰ」「対中・対韓政策」など、夫の政策に反対の発言をする型破りなファーストレディ、アッキー。その意外な本心を守護霊が明かす。

1,400円

守護霊インタビュー

朴槿恵韓国大統領 なぜ、私は「反日」なのか

従軍慰安婦問題、安重根記念館、告げ口外交……。なぜ朴槿恵大統領は反日・親中路線を強めるのか？ その隠された本心と驚愕の魂のルーツが明らかに！

1,500円

※表示価格は本体価格(税別)です。

大川隆法霊言シリーズ・最新刊

魅せる技術
女優・菅野美穂 守護霊メッセージ

どんな役も変幻自在に演じる演技派女優・菅野美穂──。人を惹きつける秘訣や堺雅人との結婚秘話など、その知られざる素顔を守護霊が明かす。

1,400円

日本よ、国家たれ!
元台湾総統 李登輝守護霊
魂のメッセージ

「歴史の生き証人」李登輝・元台湾総統の守護霊が、「日本統治時代の真実」と「先の大戦の真相」を激白! その熱きメッセージをすべての日本人に。

1,400円

守護霊インタビュー
駐日アメリカ大使
キャロライン・ケネディ
日米の新たな架け橋

先の大戦、歴史問題、JFK暗殺の真相……。親日派とされるケネディ駐日米国大使の守護霊が語る、日本への思いと日米の未来。

1,400円

大川隆法ベストセラーズ・「幸福の科学大学」が目指すもの

新しき大学の理念

「幸福の科学大学」がめざす
ニュー・フロンティア

2015年、開学予定の「幸福の科学大学」。日本の大学教育に新風を吹き込む「新時代の教育理念」とは？ 創立者・大川隆法が、そのビジョンを語る。

1,400円

「経営成功学」とは何か

百戦百勝の新しい経営学

経営者を育てない日本の経営学!? アメリカをダメにしたMBA――!? 幸福の科学大学の「経営成功学」に託された経営哲学のニュー・フロンティアとは。

1,500円

「人間幸福学」とは何か

人類の幸福を探究する新学問

「人間の幸福」という観点から、あらゆる学問を再検証し、再構築する――。数千年の未来に向けて開かれていく学問の源流がここにある。

1,500円

「未来産業学」とは何か

未来文明の源流を創造する

新しい産業への挑戦――「ありえない」を、「ありうる」に変える！ 未来文明の源流となる分野を研究し、人類の進化とユートピア建設を目指す。

1,500円

幸福の科学出版

大川隆法 ベストセラーズ・「幸福の科学大学」が目指すもの

「未来創造学」入門

未来国家を構築する新しい法学・政治学

政治とは、創造性・可能性の芸術である。どのような政治が行われたら、国民が幸福になるのか。政治・法律・税制のあり方を問い直す。

1,500円

「現行日本国憲法」をどう考えるべきか

天皇制、第九条、そして議院内閣制

憲法の嘘を放置して、解釈によって逃れることは続けるべきではない——。現行憲法の矛盾や問題点を指摘し、憲法のあるべき姿を考える。

1,500円

プロフェッショナルとしての国際ビジネスマンの条件

実用英語だけでは、国際社会で通用しない! 語学力と教養を兼ね備えた真の国際人をめざし、日本人が世界で活躍するための心構えを語る。

1,500円

幸福の科学の基本教義とは何か

真理と信仰をめぐる幸福論

進化し続ける幸福の科学——本当の幸福とは何か。永遠の真理とは? 信仰とは何なのか? 総裁自らが説き明かす未来型宗教を知るためのヒント。

1,500円

※表示価格は本体価格(税別)です。

大川隆法 ベストセラーズ・「幸福の科学大学」が目指すもの

宗教学から観た「幸福の科学」学・入門

立宗 27 年目の未来型宗教を分析する

幸福の科学とは、どんな宗教なのか。教義や活動の特徴とは？ 他の宗教との違いとは？ 総裁自らが、宗教学の見地から「幸福の科学」を分析する。

1,500 円

仏教学から観た「幸福の科学」分析

東大名誉教授・中村元と仏教学者・渡辺照宏のパースペクティブ（視覚）から

仏教は「無霊魂説」ではない！ 仏教学の権威 中村元氏の死後 14 年目の衝撃の真実と、渡辺照宏氏の天上界からのメッセージを収録。

1,500 円

比較宗教学から観た「幸福の科学」学・入門

性のタブーと結婚・出家制度

同性婚、代理出産、クローンなど、人類の新しい課題への答えとは？ 未来志向の「正しさ」を求めて、比較宗教学の視点から、仏陀の真意を検証する。

1,500 円

もし湯川秀樹博士が 幸福の科学大学「未来産業学部長」だったら何と答えるか

食料難、エネルギー問題、戦争の危機……。21 世紀の人類の課題解決のための「異次元アイデア」が満載！ 未来産業はここから始まる。

1,500 円

幸福の科学出版

大川隆法霊言シリーズ・法学・政治学の権威が語る

ハイエク「新・隷属への道」

「自由の哲学」を考える

消費増税、特定秘密保護法、中国の覇権主義についてハイエクに問う。20世紀を代表する自由主義思想の巨人が天上界から「特別講義」!

1,400円

篠原一東大名誉教授「市民の政治学」その後

幸福実現党の時代は来るか

リベラル派の政治家やマスコミの学問的支柱となった東大名誉教授。その守護霊が戦後政治を総括し、さらに幸福実現党への期待を語る。【幸福実現党刊】

1,400円

スピリチュアル政治学要論

佐藤誠三郎・元東大政治学教授の霊界指南

憲法九条改正に議論の余地はない。生前、中曽根内閣のブレーンをつとめた佐藤元東大教授が、危機的状況にある現代日本政治にメッセージ。

1,400円

「特定秘密保護法」をどう考えるべきか

藤木英雄・元東大法学部教授の緊急スピリチュアルメッセージ

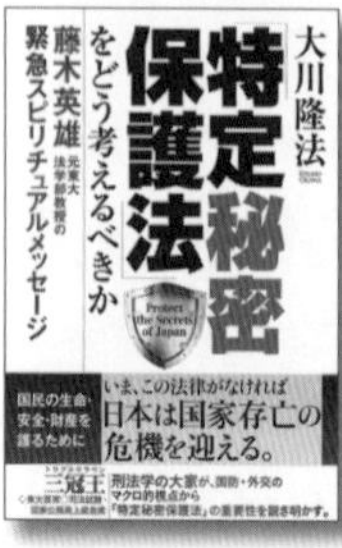

戦争の抑止力として、絶対、この法律は必要だ! 世論を揺るがす「特定秘密保護法」の是非を、刑法学の大家が天上界から"特別講義"。

1,400円

※表示価格は本体価格(税別)です。

大川隆法ベストセラーズ・宗教立国の実現

政治と宗教の大統合

今こそ、「新しい国づくり」を

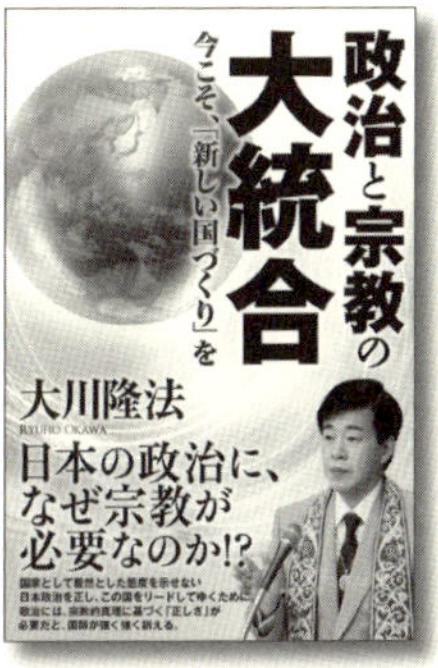

国家の危機が迫るなか、全国民に向けて、日本人の精神構造を変える「根本的な国づくり」の必要性を訴える書。

1,800円

国を守る宗教の力

この国に正論と正義を

国防と経済の危機を警告してきた国師が、迷走する国難日本を一喝! 日本を復活させるための正論を訴える。
【幸福実現党刊】

1,500円

宗教立国の精神

この国に精神的主柱を

なぜ国家には宗教が必要なのか? 政教分離をどう考えるべきか? 宗教が政治活動に進出するにあたっての決意を表明する。

2,000円

2015年開学予定!
幸福の科学大学

（仮称）設置認可申請予定

幸福の科学大学は、日本の未来と世界の繁栄《はんえい》を拓《ひら》く
「世界に通用する人材」「徳あるリーダー」を育てます。

校舎棟イメージ図

幸福の科学大学が担う使命

「ユートピアの礎《いしずえ》」

各界を変革しリードする、徳《とく》ある英才・真のエリートを連綿《れんめん》と輩出《はいしゅつ》し続けます。

「未来国家創造の基礎《きそ》」

信仰心《しんこうしん》・宗教的価値観を肯定《こうてい》しつつ、科学技術の発展や
社会の繁栄《はんえい》を志向《しこう》する、新しい国づくりを目指します。

「新文明の源流」

「霊界《れいかい》」と「宇宙」の解明を目指し、新しい地球文明・文化のあり方を
創造・発信し続けます。

幸福の科学大学の魅力

1 夢にチャレンジする大学

今世《こんぜ》の「使命」と「志《こころざし》」の発見をサポートし、学生自身の
個性や強みに基づいた人生計画の設計と実現への
道筋を明確に描きます。

2 真の教養を身につける大学

仏法真理を徹底的に学びつつ心の修行を重ね、
魂の器《うつわ》を広げます。仏法真理を土台に、
正しい価値判断ができる真の教養人を目指します。

3 実戦力を鍛える大学

実戦《じっせん》レベルまで専門知識を高め、第一線で活躍する
リーダーと交流を持つことによって、現場感覚や
実戦力を鍛《きた》え、成果を伴《ともな》う学問を究《きわ》めます。

4 世界をひとつにする大学

自分の意見や考えを英語で伝える発信力を身につけ、
宗教や文化の違いを越えて、人々を魂レベルで
感化《かんか》できるグローバル・リーダーを育てます。

5 未来を創造する大学

未来社会や未来産業の姿を描き、そこから実現に必要な
新発見・新発明を導き出します。過去の思想や学問を
総決算し、新文明の創造を目指します。

校舎棟の正面

学生寮

大学完成イメージ

幸福の科学グループの教育事業

Noblesse《ノーブレス》 Oblige《オブリージ》 「高貴なる義務」を果たす、「真のエリート」を目指せ。

幸福の科学学園

中学校・高等学校（那須本校）

Happy Science Academy Junior and Senior High School

私は、
教育が人間を創ると
信じている一人である。
若い人たちに、
夢とロマンと、精進、
勇気の大切さを伝えたい。
この国を、全世界を、
ユートピアに変えていく力を
出してもらいたいのだ。

（幸福の科学学園 創立記念碑より）

幸福の科学学園 創立者
大川隆法

幸福の科学学園（那須本校）は、幸福の科学の教育理念のもとにつくられた、男女共学、全寮制の中学校・高等学校です。自由闊達な校風のもと、「高度な知性」と「徳育」を融合させ、社会に貢献するリーダーの養成を目指しており、2014年4月には開校四周年を迎えます。

Noblesse《ノーブレス》 Oblige《オブリージ》

「高貴なる義務」を果たす、
「真のエリート」を目指せ。

2013年 春 開校

幸福の科学学園
関西中学校・高等学校

Happy Science Academy
Kansai Junior and Senior High School

私は日本に
真のエリート校を創り、
世界の模範としたい
という気概に満ちている。
『幸福の科学学園』は、
私の『希望』であり、
『宝』でもある。
世界を変えていく、
多才かつ多彩な人材が、
今後、数限りなく
輩出されていくことだろう。
（幸福の科学学園関西校 創立記念碑より）

幸福の科学学園 創立者
大川隆法

滋賀県大津市、美しい琵琶湖の西岸に建つ幸福の科学学園（関西校）は、男女共学、通学も入寮も可能な中学校・高等学校です。発展・繁栄を校風とし、宗教教育や企業家教育を通して、学力と企業家精神、徳力を備えた、未来の世界に責任を持つ「世界のリーダー」を輩出することを目指しています。

幸福の科学学園・教育の特色

「徳ある英才」の創造

教科「宗教」で真理を学び、行事や部活動、寮を含めた学校生活全体で実修して、ノーブレス・オブリージ(高貴なる義務)を果たす「徳ある英才」を育てていきます。

体育祭

天分を伸ばす「創造性教育」

教科「探究創造」で、偉人学習に力を入れると共に、日本文化や国際コミュニケーションなどの教養教育を施すことで、各自が自分の使命・理想像を発見できるよう導きます。さらに高大連携教育で、知識のみならず、知識の応用能力も磨き、企業家精神も養成します。芸術面にも力を入れます。

探究創造科発表会

一人ひとりの進度に合わせた「きめ細やかな進学指導」

熱意溢れる上質の授業をベースに、一人ひとりの強みと弱みを分析して対策を立てます。強みを伸ばす「特別講習」や、弱点を分かるところまでさかのぼって克服する「補講」や「個別指導」で、第一志望に合格する進学指導を実現します。

授業の様子

自立心と友情を育てる「寮制」

寮は、真なる自立を促し、信じ合える仲間をつくる場です。親元を離れ、団体生活を送ることで、縦・横の関係を学び、力強い自立心と友情、社会性を養います。

毎朝夕のお祈りの時間

幸福の科学学園の進学指導

1 英数先行型授業

受験に大切な英語と数学を特に重視。「わかる」（解法理解）まで教え、「できる」（解法応用）、「点がとれる」（スピード訓練）まで繰り返し演習しながら、高校三年間の内容を高校二年までにマスター。高校二年からの文理別科目も余裕で仕上げられる効率的学習設計です。

2 習熟度別授業

英語・数学は、中学一年から習熟度別クラス編成による授業を実施。生徒のレベルに応じてきめ細やかに指導します。各教科ごとに作成された学習計画と、合格までのロードマップに基づいて、大学受験に向けた学力強化を図ります。

3 基礎力強化の補講と個別指導

基礎レベルの強化が必要な生徒には、放課後や夕食後の時間に、英数中心の補講を実施。特に数学においては、授業の中で行われる確認テストで合格に満たない場合は、できるまで徹底した補講を行います。さらに、カフェテリアなどでの質疑対応の形で個別指導も行います。

4 特別講習

夏期・冬期の休業中には、中学一年から高校二年まで、特別講習を実施。中学生は国・数・英の三教科を中心に、高校一年からは五教科でそれぞれ実力別に分けた講座を開講し、実力養成を図ります。高校二年からは、春期講習会も実施し、大学受験に向けて、より強化します。

5 幸福の科学大学（仮称・設置認可申請予定）への進学

二〇一五年四月開学予定の幸福の科学大学への進学を目指す生徒を対象に、推薦制度を設ける予定です。留学用英語や専門基礎の先取りなど、社会で役立つ学問の基礎を指導します。

授業の様子

詳しい内容、パンフレット、募集要項のお申し込みは下記まで。

幸福の科学学園 関西中学校・高等学校

〒520-0248
滋賀県大津市仰木の里東2-16-1
TEL.077-573-7774
FAX.077-573-7775
[公式サイト]
www.kansai.happy-science.ac.jp
[お問い合わせ]
info-kansai@happy-science.ac.jp

幸福の科学学園 中学校・高等学校

〒329-3434
栃木県那須郡那須町梁瀬 487-1
TEL.0287-75-7777
FAX.0287-75-7779
[公式サイト]
www.happy-science.ac.jp
[お問い合わせ]
info-js@happy-science.ac.jp

仏法真理塾

サクセスNo.1

未来の菩薩を育て、仏国土ユートピアを目指す！

仏法真理塾「サクセスNo.1」とは

宗教法人幸福の科学による信仰教育の機関です。信仰教育・徳育にウエイトを置きつつ、将来、社会人として活躍するための学力養成にも力を注いでいます。

サクセスNo.1 東京本校（戸越精舎内）

「サクセスNo.1」のねらいには、「仏法真理と子どもの教育面での成長とを一体化させる」ということが根本にあるのです。

大川隆法総裁　御法話「『サクセスNo.1』の精神」より

仏法真理塾「サクセスNo.1」の教育について

信仰教育が育む健全な心

御法話拝聴や祈願、経典の学習会などを通して、仏の子としての「正しい心」を学びます。

学業修行で学力を伸ばす

忍耐力や集中力、克己心を磨き、努力によって道を拓く喜びを体得します。

法友との交流で友情を築く

塾生同士の交流も活発です。お互いに信仰の価値観を共有するなかで、深い友情が育まれます。

●サクセスNo.1は全国に、本校・拠点・支部校を展開しています。

東京本校	TEL.03-5750-0747	FAX.03-5750-0737
名古屋本校	TEL.052-930-6389	FAX.052-930-6390
大阪本校	TEL.06-6271-7787	FAX.06-6271-7831
京滋本校	TEL.075-694-1777	FAX.075-661-8864
神戸本校	TEL.078-381-6227	FAX.078-381-6228
西東京本校	TEL.042-643-0722	FAX.042-643-0723
札幌本校	TEL.011-768-7734	FAX.011-768-7738
福岡本校	TEL.092-732-7200	FAX.092-732-7110
宇都宮本校	TEL.028-611-4780	FAX.028-611-4781
高松本校	TEL.087-811-2775	FAX.087-821-9177
沖縄本校	TEL.098-917-0472	FAX.098-917-0473
広島拠点	TEL.090-4913-7771	FAX.082-533-7733
岡山拠点	TEL.086-207-2070	FAX.086-207-2033
北陸拠点	TEL.080-3460-3754	FAX.076-464-1341
大宮拠点	TEL.048-778-9047	FAX.048-778-9047

全国支部校のお問い合わせは、
サクセスNo.1 東京本校(TEL. 03-5750-0747)まで。
メール info@success.irh.jp

エンゼルプランV

信仰教育をベースに、知育や創造活動も行っています。

信仰に基づいて、幼児の心を豊かに育む情操教育を行っています。また、知育や創造活動を通して、ひとりひとりの子どもの個性を大切に伸ばします。お母さんたちの心の交流の場ともなっています。

TEL 03-5750-0757　FAX 03-5750-0767
メール angel-plan-v@kofuku-no-kagaku.or.jp

ネバー・マインド

不登校の子どもたちを支援するスクール。

「ネバー・マインド」とは、幸福の科学グループの不登校児支援スクールです。「信仰教育」と「学業支援」「体力増強」を柱に、合宿をはじめとするさまざまなプログラムで、再登校へのチャレンジと、進路先の受験対策指導、生活リズムの改善、心の通う仲間づくりを応援します。

TEL 03-5750-1741　FAX 03-5750-0734
メール nevermind@happy-science.org

ユー・アー・エンゼル！（あなたは天使！）運動

障害児の不安や悩みに取り組み、ご両親を励まし、勇気づける、障害児支援のボランティア運動です。学生や経験豊富なボランティアを中心に、全国各地で、障害児向けの信仰教育を行っています。保護者向けには、交流会や、医療者・特別支援教育者による勉強会、メール相談を行っています。

TEL 03-5750-1741　FAX 03-5750-0734
メール you-are-angel@happy-science.org

シニア・プラン21

生涯反省で人生を再生・新生し、希望に満ちた生涯現役人生を生きる仏法真理道場です。週1回、開催される研修には、年齢を問わず、多くの方が参加しています。現在、全国8カ所（東京、名古屋、大阪、福岡、新潟、仙台、札幌、千葉）で開校中です。

東京校 TEL 03-6384-0778　FAX 03-6384-0779
メール senior-plan@kofuku-no-kagaku.or.jp

入 会 の ご 案 内

あなたも、幸福の科学に集い、
ほんとうの幸福を
見つけてみませんか？

幸福の科学では、大川隆法総裁が説く仏法真理をもとに、
「どうすれば幸福になれるのか、また、
他の人を幸福にできるのか」を学び、実践しています。

入会

大川隆法総裁の教えを信じ、学ぼうとする方なら、どなたでも入会できます。入会された方には、『入会版「正心法語」』が授与されます。（入会の奉納は1,000円目安です）

ネットでも**入会**できます。詳しくは、下記URLへ。
happy-science.jp/joinus

三帰《さんき》誓願《せいがん》

仏弟子としてさらに信仰を深めたい方は、仏・法・僧の三宝への帰依を誓う「三帰誓願式」を受けることができます。三帰誓願者には、『仏説・正心法語』『祈願文①』『祈願文②』『エル・カンターレへの祈り』が授与されます。

植福《しょくふく》の会

植福は、ユートピア建設のために、自分の富を差し出す尊い布施の行為です。布施の機会として、毎月1口1,000円からお申込みいただける、「植福の会」がございます。

「植福の会」に参加された方のうちご希望の方には、幸福の科学の小冊子（毎月1回）をお送りいたします。
詳しくは、下記の電話番号までお問い合わせください。

月刊「幸福の科学」

ザ・伝道

ヤング・ブッダ

ヘルメス・エンゼルズ

INFORMATION	**幸福の科学サービスセンター** **TEL. 03-5793-1727**（受付時間 火～金：10～20時／土・日：10～18時） 宗教法人 幸福の科学 公式サイト **happy-science.jp**